維摩佛學論著集

（二）

林 律 光 著

文 史 哲 學 集 成
文史哲出版社印行

國家圖書館出版品預行編目資料

維摩佛學論著集. 二 / 林律光著. -- 初版.--
臺北市：文史哲，民 107.01
　　頁；　公分（文史哲學集成；705）
參考書目：　頁
ISBN 978-986-314-399-4（平裝）

1.佛教　2.文集

220.7　　　　　　　　　　　　　107000193

文史哲學集成　705

維摩佛學論著集(二)

著　　者：林　　　　律　　　　光
出版者：文　史　哲　出　版　社
　　　　http://www.lapen.com.tw
　　　　e-mail：lapen@ms74.hinet.net
登記證字號：行政院新聞局版臺業字五三三七號
發行人：彭　　　正　　　雄
發行所：文　史　哲　出　版　社
印刷者：文　史　哲　出　版　社
　　　　臺北市羅斯福路一段七十二巷四號
　　　　郵政劃撥帳號：一六一八〇一七五
　　　　電話886-2-23511028・傳真886-2-23965656

實價新臺幣三二〇元

二〇一八年（民一〇七）四月初版

序 一

　　佛學博大精深，尤其是對人生觀的討論以及心識的分析，更是細緻入微。所以中國古人講「佛學是心學」。所謂「心學」就是對心的分析，也就是現代人所講的心理學，但是佛學分析人心理所用的方法與西方心理學的方法完全不同。如果從分析心理的深度與細緻來說，佛學遠超過西方心理學。自從佛教從後漢傳入中國以後，佛學的人生觀就引起了中國文人的及莫大興趣，他們開始研習佛學，並以佛學為人生的指導。鳩摩羅什譯《維摩詰所說經》後，經中所描繪維摩詰是在家居士，是大富長者，但他能夠自在生活，不為塵勞所染。因此維摩詰的形象，成了中國文人學習的典範。自唐代禪宗興起，禪宗的人生觀更為中國的文人所崇尚，他們用詩歌來表達自己的人生哲理，用禪畫來表達自己的思想意境。唐代的王維就是這樣一位具有代表性的典型的中國文人。到了宋代禪宗對中國文人的影響更加深遠，以致儒家學者都與佛教的禪師有密切的往來。宋代的儒家學者，如二程與朱熹都「出入於老釋者，幾十年」。佛教對明代王陽明的影響就更深了。

　　林律光博士曾在多家大學學習並專研中國哲學與佛學，同時他又善長寫詩著文。著有《維摩詩草咼首》等，並主編香港學術

精粹叢書十冊出版。林律光博士對佛學更是潛心研究積年，這一本《維摩佛學論著集》就是他研究佛學成果的第二集。我寫此序以表祝賀。

廣　興 2015.07 於香港大學

香港大學佛學研究中心副教授、
佛學碩士班課程主任

序 二

「維摩」是佛教維摩詰居士的簡稱。據《維摩詰所說經》載，維摩居士是毗耶離城中的一位長者，佛在毗耶離城說法，維摩稱病沒有現身，國王、大臣、長者、居士、婆羅門等皆來問疾。維摩詰現身說法，樹般若不二法門，以權顯實，統萬行六度，闡明識身為幻、心為病本，應勤修般若，心淨土淨，終能成就佛德。維摩居士是中國在家佛教徒的典範，歷來善士名流皆為效仿，心趣淨土，而立足當下。

林律光先生以維摩為榜樣，研習佛理，潛心治學，他的學術視野寬廣，涉及到佛教的方方面面。從印度佛教討論到中國羅教，從教相判釋談到印度佛教的俱舍、毗曇學派以及中國大乘佛教的天台、華嚴諸宗，還涉及基督教與佛教的比較研究，可謂集大成者也。

時下研究佛教者，專精深入一門者有之，但是像林先生涉獵如此廣泛又豐富者，則不多矣。佛教博大精深，歷史悠久，2500年的積澱，為我們留下了取之不竭的資糧，是中國傳統文化的瑰寶。對佛教的研究與解讀，一直是歷代學人孜孜以求的工作，特別是當代學者對佛教的認識，可謂既深又廣，已經超出了前人。佛教不僅僅是人類智慧的結晶，也是人類社會發展的助力。印度佛教的俱舍與毗曇是兩種既有聯繫又獨自分別的理論，前者是佛

教的百科全書與工具書，後者是專門論及佛教某一理論，將此兩者既要分別出來，又要找到他們內在的聯繫，這樣的工作至今在學術界仍然不多。天台與華嚴是中國佛教民族化兩大宗派，他們所宗根本經典不同，判教方式有別。講兩者不同的學者很多，說兩者相同者則少矣，而能在相同之處看到細微差別者，則是做學問之上乘者也。律光先生勇於迎難而上，挑戰學術難點，是學術界之幸，也是佛教之幸也。

我們認識社會離不開佛教，佛教與我們的日常生活聯繫緊密，已延伸到社會各個層面，融入到我們的血液之中。現在的中國佛學是在積累百年之後登上了新的台階。中國佛學研究不僅需要從不同的學科和多種角度來看待佛教的發展，總結過去的歷史經驗，更重要的是要從佛教的歷史經驗教訓中提煉出推動未來佛教及社會發展的有用資糧。不管是過去，抑或是未來，這些研究與提煉都先要把問題講清楚，然後才是再提升。然而，現在很多人不僅不能講清楚，而且還有不少的誤讀，究其原因還是在於佛學基礎不夠扎實，若能像律光先生這樣，擁有扎實的基礎，則作出的研究成果應能少貽誤他人。

律光先生的文集，以《維摩佛學論著集》為名，現在出版的是第二本，相信今後必定會有第三本，抑或更多本。因為他的創造力不減，治學的熱忱依舊。期待著不久的將來還能見到第三本、第四本……，集腋成裘，假以時日，必有煌煌巨著，吾以盼之。

是為序。

黃夏年 2016.01.26 於北京潘家園
中國社會科學院世界宗教研究所

序 三

學佛有了個好嚮導

以拜讀之心，草讀之情，終於讀完維摩居士林律光先生這本大著，我連帶對自己不免有些佩服。

當今中國，無論大陸、港台，能精讀這書，由衷說大有裨益的，恐怕寥若晨星。我能忝列晨星中的一顆，能不有些自我佩服嗎？從這個意義上說，林律光先生邀我寫序，是找對人了。晨星可以當嚮導。

從嚮導角度，我來試著簡介維摩居士大著主要說了些什麼，它的意義何在？這本佛學論著與我說見過的佛學論著說不同的是，雖然是一本論文集，但全書有明確的主旨，通過研究佛學在中國的傳播，來揭示中華文化的「本來面目」，從而凸顯中華文化的優秀性與先進性。

從地域文化角度，佛教對中華本土文化無疑是外來文化，又無疑是與道儒本土文化結合得最好的文化。儒釋道渾然一體，本質上難分彼此，遑論伯仲。但這一世所稀有的現象，不能不引起中外學者，特別是中國學者、宗教學者的強烈興趣，作為哥德巴赫猜想似的來尋求答案。很多宏論，精彩紛呈，似乎太陽底下已無新鮮事，但又有宏論迭出，如火如荼。當然這是界內的景象，

界外人絕大多數是只能如讀《品三國》《論語心得》《明朝那些事兒》，還有拙著《善增讀經系列》，在門外聞些國學肉香，真到門裏，眼花繚亂，可能會暈，身在寶山反而不識寶。而界裏人，即使對那些宏論很佩服，但總覺得還言不盡義，是非了義，但說不出欠缺在哪裡。所以關於這問題的宏論儘管層出不窮，但終究很少能使一個讀者心悅誠服的。這方面理性研究與審美的相似的，得一知己足矣。

　　林律光先生另闢蹊徑，其實是回到中外做學問的傳統的路子上，先言必有據，再闡發大義；先漢儒樸學，六經皆史，再宋儒理學，我注六經，六經注我。但看小說《小世界》就知道，西方的學術界，忙著在跑會場，吃學術，嘩眾取寵，不喜此道，埋首書齋的，也就在傳媒造成的公眾視野裏消失，即使有精粹之作出版，出版之日就是湮沒之時。增加了知音尋覓佳作的難度還在其次，更可怕的是咬噬或扭變坐冷板凳者的心靈，土壤鹽鹼化了，就除了雜草，什麼也長不出了。

　　我說說也沾染習氣，「宏觀」了，回頭來說維摩居士的大著。他另闢蹊徑，是從能牽動全身的一發著手，傷其十指不如斷其一指，他更是從斷拇指著手。這拇指就是小乘有宗與大乘有宗的承繼、發展與層次差別。

　　大乘佛教渾然一體，但為了方便學者窺其真諦，中國佛教從入門路徑來分別，分為大乘空宗與大乘有宗。最早傳入中國的大乘佛教屬於空宗，因為義理與中國人的思維方式切合，與老莊思想接近，金剛經是其代表。玄奘取經、譯經，著力的是有宗，瑜伽師地論、成唯識論是其代表。之所以這樣，因為有宗為修行次第提供了理論根據。理可頓悟，事需漸修，有宗使佛教順序漸進

的修行有法可依。但因為這種由分析而解構的言說，與絕大多數中國人的大而化之的思維方式不相應，所以玄奘大師建立的法相宗，早就徒存其名，乏人問津了。然而外來的唯識宗卻不絕如縷，到上世紀三四十年代，以弘揚唯識宗為主的居士佛教，是中國當代佛教一道亮麗的風景線，中國現象是值得很好研究的。因此，維摩居士選了這個題目，理清有宗的脈絡。

要說有宗，先要說空宗。

簡言之，空宗是對世間法（現象層面上的法則、規律）作縱向的解構。其核心思想，可用金剛經一句話來表達：「過去心不可得，現在心不可得，未來心不可得。」強調「無住（執）」，「應無住相而生其心」，所以我說金剛經是空宗思想的代表，當然這也是為了言說方便的因名假立。如果去辯為什麼說金剛經是空宗不是有宗呢？我相、人相、眾生相、壽者相不是「有」嗎？對這種諍論要珍惜生命，避之唯恐不及。

空宗的理路，凡物與事，都在一刻不停的遷流變化，你以哪一刻作為物（事）的自性呢？這在現象上有的也許不明顯，如一塊石頭的自然風化，所以選擇心念來觀照。一是心念最適宜說明這個現象，更主要的是心念是佛教的根本研究物件。明心見性，以「心」與「性」相對而論，「明心」與「見性」不是同義反復，確切意思是「明心之虛妄，而見性之真實」。這與我們通常所說的「透過現象看本質」不同，現象所見與本質實在是相反的。平常是現象遮蔽本質，頓悟，入佛知見就見到了本質。空宗的修行法是「緣起」法，實證「緣起性空」，說起來又是一大套，略去不提。這裏再說一下，「唯識宗」中「識」之三性：緣他起性，遍計執性，圓成實性，思路是從空宗「緣起」法中來的，因此要劃然分別，

或拿出幾句話來判別空宗有宗，是要犯謗法大錯誤的，遑論分別空宗有宗的高下優劣。

還必須補說一句，空宗也有小乘空宗，小乘空宗叫「解析空」，就是把一樣東西，一個粒子態的占位存在，不斷分解下去，占位的粒子趨於無窮小，粒子間的「空」趨於無窮大，這就是可實證的「空」——物理意義，觀察意義上的「空」。現在西方學者哲學家引用佛教思想來作為他們理論的基礎，主要是小乘「解析空」，正時髦。但解析空的結果是「法無我有」，這「法」西方作為物質大共名定義，因為這「法無」是「我」理性觀察、分析、推理的結果，所以一定得「我有」，所以的小乘。

但因為空宗太高妙，觀「緣起性空」怎麼修行成就，一般人丈二和尚摸不著頭顱，有這樣的需要，有宗就出台了。

有宗是橫向解構

從操作方法上說，小乘空宗的解析空，似乎與小乘有宗大同小異，但小乘空宗解析的是法（物），解決的是「法無」；而小乘有宗解析的是心識，解決的是「我無」；兩者是大異小同。

俱舍宗與毗曇宗是小乘有宗，分析心識的基本概念，解構心識的邏輯構架，是這兩個宗建立起來的，據此修行，可以拾階而上，證有餘涅槃與無餘涅槃，為解脫道提供了理論基礎，善莫大焉。但推論結果是「我無法有」，破了我執，卻住法執，故為小乘。所謂「我執」，是「我能主宰」，「我有常樂我淨」，「我」是生命主體。小乘有宗解析「我」是種種心相之合成，這個「我」在哪裡呢？就把在「主體」給滅了。

　　唯識論在此基礎上，闡釋三界唯心，萬法唯識，識有境無，把與生命主體相對的外境歸結到心識上，把境、法的「自性」（確定性，規定性，無此就無「體」）給滅了，以此破法執，所以是大乘。小乘破我執，大乘破法執，這是標誌，也是要分別小乘大乘的理由。

　　但唯識宗到此為止，要說是大乘佛教，理由還不夠充分。唯識論提出轉識成智，理論才得圓滿。而如何轉識成智，俱舍宗與毗曇宗建立的解析邏輯系統，又是不夠用的，要從大乘空宗中請生力軍。對此，維摩居士解釋甚詳，但隱伏在對史實與義理的介紹中，述而不作，要讀者自己去發現。為什麼怎麼做？一是怕以己之理解歪曲局限了佛教之奧義，二是讀者自己發現的才可能真正是他自己的。我是讀他大著的嚮導，他是眾生學佛的嚮導。忠實的當好嚮導，就是他的研究的意義。這就是般若道，菩薩行，稀有難能。

　　南無佛！南無法！南無僧！

　　　　沈善增 2016 元旦前夜於和南

序者簡介：沈善增，上海市作家協會專業作家、理事，早年以長篇小說《正常人》馳譽文壇，最近二十多年致力於中華文化與國學研究，撰寫《善增讀經系列》與《崇德文化系列》，創立崇德文化話語體系。

自　序

少時慕道，遍覓神仙。後而信佛，勇猛志堅。壯喜翰墨，春誦夏弦。
閒與墨客，樂遊嶺巔。間撰文稿，結集華篇。家居山野，性愛籟天。
偶作客席，分享清泉，半職黌府，閒來參禪。塵世半百，歲月如煙。

三藏宏博，宗極幽玄。聖哲弘道，非語不傳。韞而彌廣，縷萬絲千。
法無不在，辨之解纏。異途同趣，海納百川。世尊法寶，般若之船。
數載積累，會之纂編。內容繁雜，有懷唱妍。中西比較，文史共牽。
大小二乘，義理互穿。園林織錦，偃草鋪氈。略陳點滴，十二萬言。

色身有盡，景過物遷。爭榮逐利，如墮深淵。生死流轉，彷彿沄沄。
春光易逝，豈能廢偏。青燈黃卷，致志心專。花嚴勝會，未許期愆。
空有兩輪，血脉相連。根器各異，顯實開權。精深博大，佛理融圓。
慈尊法語，銘泐心田。有識之士，窮理尚然。夜不能寐，浮想聯翩。

春蛙陋響，聊以堂前。鴻儒撰序，宿世因緣。學貫中外，庠宮要員，
扶掖後學，廣興策鞭。辯壇逾百，博學俊賢，譽滿全國，黃兄夏年。
崇德作品，三教釋詮，創新思考，善增獨研。舉足三鼎，當世筆椽。
賀蒙諸位，惠賜華箋。承獎飾過，在念拳拳。獲君良語，得益無邊。
祈求此世，共赴台蓮。數行佈謝，餘晤不宣。聊聊數句，謹作文先。

維　摩 2016 序於落馬洲草廬

維摩佛學論著集(二)

目　次

從教相判釋看天台與華嚴之異同

提　要

　　華嚴與天台二宗之判教乃中土佛教之一大特色，他們不僅將釋迦一代教法融會貫通，而且清晰井然，為中國佛教史上帶來了新的氣象。

　　天台宗甚具中國特色的佛教宗派，在我國佛教思想中，也是最先能夠發展成一個較完備和實質的宗派 — 教觀兼備。他充分發揮了龍樹中觀思想的特質，使天台宗哲學體系更臻完善，堪稱深邃幽密，體大而思精，成為中國佛教史上之創舉。華嚴宗判教是繼天台宗以後另一教相判釋，在二十世紀備受學界重視。華嚴宗在判教上尊《華嚴經》為最高經典，並從此經的思想，發展出法界緣起、十玄、四法界、六相圓融的學說，發揮事事無礙的理論。賢首宗人為表明在佛教當中的位置，依自宗的宗義把釋迦如來一代所說的教法分別判作五教十宗。

　　中國大乘佛學，以華嚴、天台及禪宗為主流，在中土大放異彩，對唐宋以來中國思想文化的發展影響深遠。

關鍵詞：天台　華嚴　智顗　賢首　五時判教

一、前　言

　　華嚴與天台二宗之判教乃中土佛教之一大特色，他們不僅將

釋迦一代之教法融會貫通，而且清晰井然，為中國佛教史上帶來了新的氣象。

天台宗在中國經由慧文禪師讀中觀論：「因緣所生法，我說即是空，亦說為假名，亦名中道義。」悟得真理 ——「圓融三諦」[1]。慧思又因讀，《大智度論》中之「三智一心」[2]，了悟「一心三觀」[3]。智顗在誦《法華經》之藥王品：「是真精進，是名真法供養如來」，在定中得「法華三昧」[4]。從此智顗逐步完成天台宗之哲學體系，天台宗的基本精神以圓融為目的，其中之判教論，在佛史上成就顯著，他的特色是代表中國佛教及其心態，代表民族思想之特性，代表消融精神之表現。

賢首是華嚴三祖大師之封號，因法藏是華嚴宗之集大成者，故稱華嚴宗為賢首宗。天台、華嚴是隋唐時代被認為是中國化的佛法，華嚴宗以杜順為初祖，智儼為二祖。至法藏時，武則天邀其入宮說法，深信其理，並聘他為太原寺主持，是為三祖。法藏

---

1 圓融三諦：又作一境三諦、不次第三諦、不思議三諦。天台宗所說「空、假、中」三諦之前二諦係針對現象面所設立者，中諦則為針對本體面各自獨立之真理所設立者；此三諦若彼此隔歷不融，前後互成次第，則稱隔歷三諦。圓融三諦則相對於隔歷三諦，即於一諦之中，具足三諦，交互融會，而無所謂個別說法。《佛光大辭典》：〔金光明經文句卷二、卷四、卷五、摩訶止觀卷七上〕（參閱《佛光大辭典》「三諦」684、「隔歷三諦」5695），頁5415。

2 一心三智：指一心之中同時證得一切智、道種智、一切種智等三智之果。又作三智一心、不思議三智。天台宗謂修習空、假、中三觀，即可得三智；若依別教之次第三觀，則依序可得一切智、道種智、一切種智。〔《佛光大辭典》：觀無量壽佛經疏妙宗鈔卷二、佛祖統紀卷六，頁23。〕

3 一心三觀：乃天台宗之觀法。為天台宗基本教義之一。又稱圓融三觀、不可思議三觀、不次第三觀。一心，即能觀之心；三觀，即空、假、中三諦。

4 法華三昧：天台宗立有四種三昧，其中之半行半坐三昧又分為方等三昧、法華三昧等二種。《佛光大辭典》：〔法華文句記卷二下、法華義疏卷十二（吉藏）、法華經玄贊卷十末、止觀輔傳弘決卷二之二、法華傳記卷二、佛祖統紀卷六、隋天台智者大師別傳、四明尊者教行錄卷二〕，頁3396。

依華嚴經圓融無礙將華嚴宗之「五教十宗」義理發揮得淋漓盡致。

　　華嚴宗判教是繼天台宗以後另一教相判釋，在二十世紀備受學界重視。法藏立五教判釋，其理有二：一、他希望以《華嚴經》確立本宗之地位；二、力求諸宗共冶一爐。故其內容是依教深淺及優劣而分教開宗，又從《華嚴經》「海印三昧」[5]之極談分同別二教之判釋，最後合前二說而流出小乘、三乘等教法而判本末二教。

二、正　文

（一）智顗的生平

　　智顗(538-597)，字德安，俗姓陳。祖籍穎川(今河南許昌)，為避戰亂，遷徒南方，落腳於荊州華容(今湖北監利縣西北)。其父文輅武略，有「經國之才」之稱，有一定社會地位。他十八歲在湘州(今湖南省)果願寺從法緒出家後，依慧曠(534-613)學習及受具足戒。其後獨自往大賢山研究《法華三經》[6]，而且深有所悟。陳元帝元嘉元年(560)仰慕慧思禪風，智顗往大蘇山跟慧思學習法

5　又作海印定、海印三摩地、大海印三昧。華嚴家以此三昧為華嚴大經所依之
　　總定。海印者，約喻以立名，即以大海風止波靜，水澄清時，天邊萬象巨細
　　無不印現海面；譬喻佛陀之心中，識浪不生，湛然澄清，至明至靜，森羅萬
　　象一時印現，三世一切之法皆悉炳然無不現。華嚴大經即依此定中所印現之
　　萬有而如實說，故稱此為海印定中同時炳現之說。《佛光大辭典》：〔舊華嚴
　　經卷六賢首菩薩品、大方等大集經卷十五虛空藏菩薩品、華嚴經孔目章卷四、
　　華嚴經探玄記卷四、華嚴五教章卷一〕，頁 4165。
6　《法華三經》：《無量義經》、《法華經》、《普賢觀經》。

華三昧。師徒初晤，份外投緣，智顗受教，日夜精勤，修習經典，前後七年，從不懈怠。一天誦法華經至藥王菩薩事品：「諸佛讚言：是真精進，是名真法供養如來」之文，豁然開悟，入法華三昧，經慧思印可，付以正法於智顗，並曰：「汝與陳國有緣，往必利益。」[7]指示他前往陳都金陵弘揚天台教義。

　　公元 575 年，正值北周武帝毀佛運動，僧侶為避禍難，紛紛逃至南方，使金陵佛教變得混亂。智顗因受此事刺激，加上對南方佛教界學風空疏之理由，經再三反思，於太建七年(575)退隱天台山修行，經九年研習，奠定了天台教學之基石。

　　公元 585 年，陳後主禮請智顗重返建康。公元 589 年，隋朝一統天下，為安定人心，招攬智顗。公元 591 年，智顗為晉王授菩薩戒，楊廣在金城殿設千僧會，並賜「智者」名號。大師五十六歲訪故鄉荊州，於玉泉寺（今湖北省當陽市西郊）說《法華玄義》[8]及《摩訶止觀》[9]。及後智者大師返回天台山，並於公元 597 年圓寂山中。其著作甚豐，計有《次第禪門》[10]、《覺意三昧》[11]、

7　《續高僧傳‧智顗傳》卷 17。
8　《法華玄義》：凡十卷（二十卷）。天台大師智顗在隋開皇十三年（593）於荊州玉泉寺講述，灌頂筆記。全稱妙法蓮華經玄義。略稱法華經玄義、玄義、妙玄。為法華三大部之一。收於大正藏第三十三冊。北宋天聖二年（1024）。
9　《摩訶止觀》：凡十卷（或作二十卷）。天台大師智顗（538-597）講述於隋代開皇十四年（594），弟子灌頂（561-627）筆錄。又稱天台摩訶止觀。略稱止觀。收於大正藏第四十六冊。
10　《次第禪門》：凡十卷。隋代天台智顗述，法慎記，其後灌頂再加編整。略稱禪波羅蜜。《佛光大辭典》：〔隋智者大師別傳、國清百錄卷四、止觀輔行傳弘決卷一之二、佛祖統紀卷二十五〕，頁 6838。
11　《覺意三昧》：謂於一切時中，一切事上，念起即覺，意起即修三昧。即天台宗所立四種三昧中之非行非坐三昧，於四種三昧中最為重要。大品般若經名覺意三昧，慧思稱為隨自意三昧。《佛光大辭典》：〔摩訶止觀卷二上、四教義卷十一〕，頁 6799。

《六妙法門》[12]、《小止觀》[13]、《天台三大部》[14]……多不勝數。

（二）法藏生平

　　康居僑裔法藏，字賢首（西元 643-712），唐貞觀十七年，生於唐太宗貞觀十七年（公元 643 年），睿宗先天元年（公元 712 年），圓寂於長安大薦福寺。從十六歲起，他便到處參訪問學。此宗以《華嚴經》為所依，故稱為華嚴宗。華嚴宗因法藏受封賢首國師，故此又稱賢首宗，漢傳佛教的流派之一，以唐之杜順和尚為始祖，雲華智儼法師為二祖，賢首法藏法師為三祖，實際創始人是法藏。

　　唐初，杜順將華嚴高深的理論融貫為禪定的觀門，創出「法界三觀」[15]，融理論實踐於一體的大德。他所著述的《五教止觀》、《華嚴法界觀門》，為開展華嚴思想的根本要典，被尊為華嚴初祖。

　　法藏在雲華寺聽智儼講《華嚴經》時，提問見解獨特，受到智儼賞識。智儼說：「比丘義龍輩，尚罕扣斯端，何計仁賢，發皇耳目！」認為他的學識勝於比丘。

12　《六妙法門》：為天台宗所立。妙，指涅槃；入於涅槃之法門有六，故稱六妙門。此處特指六種禪觀，即：(一)數息門、(二)隨息門、(三)止門、(四)觀門、(五)還門、(六)淨門。《佛光大辭典》：〔六妙法門、法界次第初門卷上之下〕，頁 1265。

13　《小止觀》：全一卷（或二卷）。又作修習止觀坐禪法要、坐禪法要、童蒙止觀。隋代智顗述。收於大正藏第四十六冊。

14　《法華文句》、《法華玄義》和《摩訶止觀》，合稱為《天台三大部》是天台宗基本教典。

15　法界觀，為華嚴宗觀門之樞要，可分為真空觀、理事無礙觀、周遍含容觀等三觀。法界即所觀之境，三觀即能觀之觀。又作三重法界、三重法界觀、三重觀門、三重法界觀門。略稱三重。《佛光大辭典》：〔華嚴法界觀門、註華嚴法界觀門序〕（參閱「三重觀門」592、「真空觀」4215、「理事無礙觀」4718），頁 3369。

　　西元 668 年，智儼臨將圓寂，便囑託道成、薄塵兩位道友說：
「此賢者注意於《華嚴》，蓋無師自悟。紹隆遺法，其惟是人。幸
假餘光，俾沾剃度。」[16]智儼之遠見，由此可見。

　　三祖賢首法藏融和杜順、智儼思想，集其大成，並判釋如來
一代教法為三時、五教、十宗，以《華嚴》為別教一乘的圓明具
德宗。其重要著作有：《華嚴經探玄記》、《華嚴五教章》、《修
華嚴奧旨妄盡還源觀》等。法藏宣講《華嚴》數十餘次，常有感
應，善以實物為喻，曾為武則天於長生殿講〈金師子章〉，以殿
前金獅子為喻，解說法界構造、六相[17]、十玄[18]的意蘊，使昧於理
者欣然了悟。法藏又為方便闡釋重重無盡的「法界緣起」[19]，置
一佛像於中央，以十面玻璃，分列八方，面面相對，燃一炬以照
之，頓成光影互映，令聽者得以大悟。

　　華嚴宗之法界緣起，謂宇宙萬象相互融通，一物為一切萬物
之緣，一切萬物亦為一物緣；以一法成一切法，以一切法起一法，
相互並存，相入相即，彼此無礙而重重無盡，此即華嚴「一乘別
教」獨特的「性起法門」。在判教上尊《華嚴經》為最高經典，

16　《起信論疏記會閱卷首》卷 1。

17　指華嚴經、十地經所說萬有事物所具足之六種相。即：總相、別相、同相、
　　異相、成相及壞相。〔華嚴經探玄記卷九〕。

18　又稱十玄緣起。全稱十玄緣起無礙法門，或作華嚴一乘十玄門、一乘十玄門，
　　單稱十玄。表示法界中事事無礙法界之相，通此義，則可入華嚴大經之玄海，
　　故稱玄門，(一)同時具足相應門、(二)廣狹自在無礙門、、(三)一多相容不同
　　門、(四)諸法相即自在門、(五)隱密顯了俱成門、(六)微細相容安立門、(七)
　　因陀羅網法界門、(八)託事顯法生解門、(九)十世隔法異成門、(十)主伴圓融
　　具德門〔華嚴一乘十玄門〕，頁 416。

19　為華嚴教義之緣起觀。屬四法界中事事無礙法界之內容。又作法界無盡緣
　　起、十無盡緣起、十玄緣起、無盡緣起、一乘緣起。

並從《華嚴經》的思想，發展出法界緣起、十玄、四法界、六相圓融之說，發揮事事無礙的理論。

（三）判教的意義

所謂判教，即謂教相判釋。天台宗在倡導止觀修行方法上，將南北學風加以統一，並建立具特色之判教體系。判教的意義在於將釋家所有佛典、佛說、內容、風格、形式等加以類別、疏理及會通，使其完整性及統一性。原因有二：其一、經典之出現時間、地點、義理、內容、所屬部派皆有分歧；其二、　學者不斷鑽研，其研習重點有所不同，所依之三藏經典亦各異，如涅槃、成實、地論、攝論等皆各自成一系統、據其自家經典作出整體闡釋，故易生偏頗，這便促成判教之興起。天台教學主要是發揚《法華經》的反思和融通精神，它直接為天台宗提供了理論上的依據，也能反映智顗教觀的整體特色 —— 智顗之「五時」判教。

（四）天台判教

智顗為避戰亂，遷徙南方，落腳於荊州華容。他十八歲在湘州果願寺從法緒出家後，依慧曠學習及受具足戒。其後獨自往大賢山研究《法華三經》，而且深有所悟。後隨慧思學習法華三昧。師徒初晤，份外投緣，智顗受教，日夜精勤修習，前後七年，從不懈怠，豁然開悟，於金陵弘揚天台教義。

1. 五　時

所謂「五時」，其實按佛說法之經典及先後時間作出安排。簡言之，是佛陀成道以後，針對眾生不同根器而施之教法。智者將其分為五個階段：一、　華嚴時，二、阿含時，三、方等時，四、

般若時，五、法華涅槃時，這就是五時。現分述如下：

第一華嚴時(乳味)：佛成道後，於寂滅道場，現「盧舍那身」[20]，在金剛王座，說極妙法 ——《華嚴經》，宿世根熟之天龍八部，圍繞其中，信受作禮。唯小乘根器者，如雲籠月，如聾如啞，未能獲益，如從牛出乳，比擬之為乳味。故經云：

> 「譬如日出，先照一切諸大山王，次照一切大山，次照舍剛寶山，然後普照一切大地。」[21]

其意為佛先教化上根利智之人，令其速悟圓頓之教。可惜大眾根機不足，未能領受，於是佛陀改用漸法之阿含，方等諸經，令其悟入。

第二阿含時(酪味)：又稱鹿野時，第一時說，其意高遠，微妙難知，部份弟子，未能契入，離坐而去。鹿野苑時，依《阿含經》，闡述四諦無常教義，令二乘人等趣入佛法。如乳轉化為酪，故名酪味。故經云：

> 「次照幽谷，淺行偏明，當分漸解，此如三藏。」[22]

又云：

> 「若說四《阿含》：《增一》明人天因果。，《中》明真寂深義，《雜》明諸禪定，《長》破外道。」[23]

意思是說，佛陀為針對眾生根機，及為其演說淺近理論與修

20　盧舍那身：梵名 Vairocana。為佛之報身或法身。又作毘盧遮那、盧舍那、流舍那、淨滿。各宗說法不一。
21　佛陀跋陀羅譯《華嚴經》卷 34。
22　《法華玄義》卷 1。《大正藏》卷 33。
23　《法華玄義》卷 10，《大正藏》卷 33。

法，以便初學者易於明白及接受。

　　第三方等時(生酥味)：鹿野苑是引鈍根者入道之權法，故進而為他們說各大乘經典，如《維摩》、《楞伽》、《金光明》、《思益》、《深密》，不令其滯於小乘，故彈偏斥小，歎大褒圓，以激發二乘人回小向大之心。這時四教俱說，藏為「半」字教，通、別、圓為「滿」字教，使小乘行者，趨於大乘。經云：

> 「今之方等者四教俱說，事方等世……若事方等，正唯在於第三時世。」[24]

又云：

> 「若諸《方等》，斥小彈偏，嘆大褒圓，慈悲行願，事理殊絕。」[25]

此時行者，心志漸熟，好比烹酪而成生酥，故名生酥味。

　　第四般若時(熟酥味)：小乘眾生經方等時的彈呵，深明佛法之微妙，唯尚有法執。此時佛陀為他們說《摩訶般若》、《金剛般若》、《天王問般若》、《光讚般若》、《仁王般若》等經，闡述無真實法生，無真實法滅，一切法皆空之理，經云：

> 「大人(菩薩)蒙其光用，嬰兒(二乘人)喪其晴明，夜游者(外道)伏匿，作務者(菩薩利他)興成。」[26]

24　《四教儀集注》，卍新纂續藏經 Vol. 57, No. 976。
25　《法華玄義》卷 10，《大正藏》卷 33。
26　《法華玄義》卷 1。

意思是說：《般若經》之基本精神為「淘汰」[27]與「融通」[28]。小乘行者經過融通、淘汰之洗禮，使之明白中道實相。又云：

> 「若論通則三人同入，論別則菩薩獨進，廣經歷陰入，盡淨處融。」[29]

即謂佛為顯示中道實相及大乘空宗之理而宣講《般若》類經典。

佛陀除為三乘人弘宣「共般若」，也同時為菩薩說「不共般若」；前者為小乘「半」教，後者則為大乘「滿」教，「半」教是通往大乘「滿」必經之路。這時受教者心悅誠服，如將生酥轉化為熟酥，故名熟酥味。

第五法華涅槃時(醍醐味)：法華涅槃指佛說法之最後階段，其宣講之經典是《妙法蓮花經》和《大般涅槃經》。般若時，佛雖演說大乘教法，唯機與教尚未完全合一，小乘行者仍存障礙，難聞至道。至法華時，佛見行者根利障除，條件成熟，於是開演大乘之經 ——《法華經》使行者明白「開權顯實」[30]、「會三歸一」[31]，故為究竟圓滿之教。經云：

---

27 淘汰者：遣蕩相著也。

28 融通者：統會歸於大乘融化於實相一相，所謂無相也。

29 《法華玄義》卷10。

30 開權顯實：開除權教之執著，顯示真實之義。「開」含開除、開發、開拓等義；開除乃除卻權執，開發乃由內機緣純熟而脫權執，開拓乃權即實而廣其體之義。即開除三乘之權便，顯示一乘真實之義。此係天台宗對於法華經所作判釋之語。謂法華經以前之諸經乃應未熟之機根而設，為權便之法，實欲引眾生入真實之教；以權便之法顯真實之義，故稱開權顯實。（《佛光大辭典》）

31 會三歸一：又稱會三入一。即開三乘之方便歸入一乘之真實。係天台宗就法華經之教義所立之名目。天台宗謂，佛於法華以前之諸經，說聲聞、緣覺、菩薩等三乘，此係應未熟之根機而方便施設者，故未開顯真實以前為權法；逮根機圓熟，則為之開顯一乘，若隔歷之情執脫落時，則權即實，三即一，是為唯一佛乘。如此開三乘會歸入一乘，稱為會三歸一。（《佛光大辭典》）

「日光普照，高下悉均平。土圭測影，不縮不盈。」[32]

又云：

「不令有人獨得滅度而滅度之。」[33]

佛陀只談「滿教」而不說「半教」，使三諦圓融，妙理現前，無明息止，行者便進入「法華三昧」和涅槃境界。經云：

「是時無明破，中道理顯，其心皎潔，如清醍醐，即是從熟酥轉出醍醐。」[34]

此時，受教者內心皎潔，清純無染，如將熟酥製成甘妙之醍醐，故名醍醐味。

　　五時判教是佛依眾生根性，因材施教，使眾生受益，於時序次第皆不執著。智顗依各經之說，按其要義，主觀安排。他說：

「若弘餘經不明教相，於義無傷；若弘《法》不明教者，文義有缺。」[35]

　　智顗又用了農夫的譬喻來說明第五時《法華經》與《涅槃經》並列之原因。他說：

「譬如田家，先種先熟先收，晚種後熟後收。《法華》八千聲聞，無量生菩薩，即是前熟果實，於《法華》中收，

32　《法華玄義》卷1。
33　《法華玄義》卷1。
34　《法華玄義》卷10，《大正藏》卷33。
35　《法華玄義》卷10，《大正藏》卷33。

更無所作；若五千自起，人天被移，皆是後熟，《涅槃》
中收。」[36]

佛演況《法華經》後，恐鈍根者起斷見之解，故入滅前複述各說，何況根器有先熟後熟之別，故將《涅槃經》同列於第五時。

智顗之五時判教將大小乘經典共冶一爐，明顯地有調和色彩，彼此消除理論上的矛盾性，使各經在某種程度上獲得合理之位置，其形式上雖有別於南方教界，仍具有其獨特性，蓋因南方諸師只說漸教之別，而智顗則通於漸頓，又不同於《法華》之非頓非漸，可見一斑。

2. 八 教

八教分「化儀四教」和「化法四教」。釋尊成道後，按眾生根機性質，臨機應變，演說法音。故八教為實施權的方法。智顗認為，佛一生說法，唯大乘一味，但眾生領悟力各異，故有形式不同。他說：

「夫眾生機緣不一，是以教門種種不同。《經》云，自從得道夜至泥洹夜，所說之法，皆實不處。仰尋斯肯，抑有由致。所以言之，夫道絕二途，畢竟者常樂；法唯一味，寂滅者歸真。」[37]

而所謂「化儀」、「化法」之別，智者認為，通過這些方式和法門，可帶領不同眾生進入「圓融三諦」之寶藏。《天台入教大意》云：

「前佛后佛，自行化他，究其旨歸，咸宗一妙佛之知見。

---

36 《法華玄義》卷10，《大正藏》卷33。
37 《四教儀》卷2。

> 但機緣差品，應物現形，為實施權，故分乎八。頓、漸、
> 秘密、不定，化之儀式譬如藥方；藏、通、別、圓，所化
> 之法，譬如藥味。」[38]

化儀四教，譬如藥方；化法四教，譬喻藥味，天台大師將這八教，判釋東流一代的聖教。

3.「化儀四教」：

第一頓教：佛成道後，初演大乘，不說方便、不歷階段，直趣菩提，故云頓教。如大鵬一舉萬里，利刀一截千紙，所以說「初發心時，便成正覺」。《天台八教大意》中說：「初言頓者，從部得名，即《華嚴》也。佛垂迹化，塵劫叵量，因壽倍之，果寧可喻？且從今日一期降生，托陽摩耶，主伴互為，唯資大法，譬如日出，先照高山，機不經歷，故名為頓。約譬次第，以初譬初，名為乳味。」佛在《華嚴經》中說法，是將自己的悟境直接演化出來，其說法的方式是頓速的，如日出先照大地，大根機人，可不歷次第，而直趣菩提。智顗又云：

> 「若《華嚴》七處八會之說，譬如日出先照高山。《淨名》
> 中唯嗅薝蔔[39]。《大品》中說不共般若。《法華》云：「但說
> 無上道。[40]」……《涅槃》二十七云：「雪山有草，名為忍
> 辱，牛若食者，即得醍醐。」[41]……諸大乘經如此意義類

38　《大正藏》卷 46。
39　「薝蔔」：一種香花，用它比喻佛的功德。
40　《法華經》卷一＜方便品＞第 2，《大正藏》卷 9，頁 10。
41　「醍醐」比喻受聽者能獲佛性。

例，皆名頓教相也。」[42]

這裡所引各經典之譬喻及觀念是直指佛陀究竟之說。故知智顗的「頓教」即「圓教」、「滿教」。

第二漸教：為小乘漸機說教，從淺入深，由卑昇高，名漸。如登梯般，按步上揚，由於小乘根器，難明圓頓一乘妙法，故佛先為他們說阿含、方等、般若，按部就班，引入佛之知見。《天台八教大意》中說：「次從鹿苑至於般若，名為漸教。」智顗又說：

> 「如《涅槃》十三云：「從佛出十二部經，從十二部經出修多羅，從修多羅出方等經，從方等經出《般若》，從《般若》出《涅槃》。如此等意，即是漸教相也。又始自人天、二乘、菩薩、佛道，亦是漸也。又中間次第入，亦是漸云。」[43]

這是佛為淺根的人循序漸進之法門，從最淺之人天乘到最究竟之一佛乘，行者須經歷次第之修學，才能修成正果。

第三秘密教：佛以神通力為一機一緣說法，同坐聽法，得益各異，故名秘密。《天台八教大意》中：「同聽異聞，互不相知，名秘密教。」佛陀對不同根機之眾生，在同一場合，演說妙音，分別說秘密教法，使受教者互不相知，均是如來身口意之不思議力量。故佛說法之深淺本無定法，只因眾生根性不同而有所差別。又如《維摩詰經》記載：

> 「如來一音演說法，眾生隨類各得解，或歡喜，或生善，

42　《法華玄義》卷10上，《大正藏》卷33。
43　《法華玄義》卷10上，《大正藏》卷33。

或滅惡，或入理」其所獲的「悉檀」[44]利益不盡相同，秘密教之意趣即在此。

　　第四不定教：佛在一會說法，並說大小乘，但是同坐異聞，互相了知，而各領解卻不定，故言不定教。《天台八教大意》中說：「同聽異聞，彼彼相知，名不定教。」智顗亦云：

　　「三：不定教者，此無別法，但約頓漸，其義自明。今依《大（般涅槃）經》二十七云：「置毒乳中，乳即殺人。酪、酥、醍醐亦能殺人。」此謂過去佛所，嘗聞大乘實相之教，譬之以毒。今值釋迦聲教，其毒即發，結惑人死。若如提謂、波利，……住於戒中，見諸佛母，即是乳中殺人也。酪中殺人者，如《智度論》云：教有二種：一、顯露教、二、秘密教。顯露者，初轉法輪，五比丘及八萬諸天得法眼淨。若秘密教，無量菩薩得無生法忍。此是毒至於酪，而能殺人也。生酥中殺人者，有諸菩薩於方等大乘教得見佛性，住大涅槃，即其義也。熟酥殺人者，有諸菩薩，於《摩訶般若》教得見佛性，即其義也。醍醐殺人者，如《涅槃》教中，鈍根聲開發慧眼，得見佛性，乃至鈍根緣覺、菩薩七種方便，皆入究竟涅槃，即其義也。是名不定教相也。」[45]

智顗採用《涅槃經》毒發不定之譬喻而顯彰行者覺悟的根緣，因智顗說不定教是「別法，但約漸頓」，突出了漸教中不同階段之教說。

---

44 又作悉旦、悉談、肆曇、悉檀、七旦、七曇。意譯作成就、成就吉祥。
45 《法華玄義》卷10，《大正藏》卷33。

4.「化法四教」

這如世間的藥味，約義理之淺深而分，是天台宗進行教義宣傳的指導性原則及判教之核心部份。化法四教者，以言教而詮理，以化轉物心，令一切眾生轉惡為善，轉迷成悟，轉凡為聖，是佛化益眾生的法門。它們是藏、通、別、圓四教。

第一藏教：又稱三藏教，小乘教。此三藏各含文理，故稱為藏。正如《天台八教大意》中說：「此之三藏，三乘同須，戒防身口，經多詮定，論多辯慧。」藏教依三乘分別，生滅四諦（聲聞乘），思議生滅十二因緣（辟支佛乘）和事之六度萬行（菩薩乘）依「七種二諦」[46]分別，便是實有二諦，因其未涉心性本體及真如，為小根人所立，故言小乘三藏教，智顗對此有所論述：

> 所言「苦」者，逼切為義。無常三相，逼切色心，故名為「苦」；審實不虛，名之為「諦」。所言「集」者，招聚為義。煩惱業合，能招聚生死苦果，故名為「集」；審實不虛，名之為「諦」。所言「滅」者，滅無為義。無有子果二縛，故名為「滅」；審實不虛，名之為「諦」。所言「道」者，能通為義。戒、定、智慧，能通至涅槃，故名為「道」；審實不虛，名之為「諦」。此是生滅四諦。[47]

三藏教說大量引用一切「有部」[48]論書判定其「有」門和「空」

---

46 七種二諦：真俗二諦有七種之別。即：(一)三藏教之二諦、(二)通教之二諦、(三)別接通之二諦、、(四)圓接通之二諦、(五)別教之二諦、(六)圓接別之二諦、(七)圓教之二諦。《佛光大辭典》：〔北本大般涅槃經卷十三聖行品、法華經玄義卷二下、大般涅槃經疏卷十五〕，頁114。

47 《摩訶止觀》卷10上，《大正藏》卷46，頁132下、133中－下。

48 有部：全稱聖根本說一切有部。為小乘二十部之一。

門，但智顗又非常強調不可盡依論書之「法有」和「析空」，其主張為真實義。

　　第二通教：通是融通，可通前藏教及後別圓教。此教能通達利益菩薩、緣覺及聲聞三種人，可謂「三乘同稟」，故名為「通」。《天台八教大意》中說：「通者，同也。此教三乘，因果大同，故名通教。」通教能詮「無生四諦」[49]、十二因緣、六度等，證無生真理為究竟。智顗綜述如下：

> 　　「信無生「苦」諦者，信五陰，十二入，十八界不生，皆如幻化，如夢、響、水月、鏡像，畢竟空無所有，有是則解無苦。苦雖無苦，若不知無苦，則為苦所苦，名曰愚夫；若知無苦，此則無苦，而有真諦。信無生「集」諦者，了一切煩惱業行，皆如夢、幻、響、化、水月、鏡像，畢竟空無所有，無和合相。若不知無所有，則有結業流轉；故知無所有，是則解集無集。是故無集，而有真諦。信無生「滅」諦者，知一切生滅之法，皆不可得；設使有法過於涅槃，亦如夢、幻、響、化、水月、鏡像、本自不生，今亦無滅。若不知不生不滅，則生滅終不自滅；若知不生不滅，則生滅自然而滅。是則無滅，而有真諦也。信無生「道」諦者，信一切至涅槃道，皆如夢、幻、響、化、水月、鏡像，無有二相，是則不見通與不通。若見有二相、有通不通，則無明壅塞，若知不二之相，不見通與不通，則任運虛通，入第一義。」[50]

49　無生四諦：我國天台宗智顗所立四種四諦之一。又作無生滅四諦。天台宗判立藏、通、別、圓四教，無生四諦係通教之說，認為因緣諸法，悉皆幻化，當體即空而無有生滅，以此觀苦、集、滅、道四諦，故稱無生四諦，以別於藏教之「生滅四諦」。

50　《四教儀》卷八，《大正藏》卷46，頁748中—下。

由此得知，通教主張一切事物如鏡花水月，畢竟空無，皆不可得。通教通過說「無生四諦」構成六道輪迴之苦等，皆看作「無生」，徹底體現大乘空觀之特性。智顗以空的觀念遣除一切別相，又能容納他們，可見智顗對般若學及中觀學甚為了解。

　　第三別教：此教與前通教有異，是獨為菩薩所修學的法門。其教、理、智、斷、行、位、因、果八法，不同於前藏、通二教，也別於後面的圓教。《天台八教大意》中說：「別教者，此約界外獨菩薩法，教、理、智、斷、行、位、因、果，別前二教，別後圓教，故名為別。」別教能詮無量四諦、十二因緣、六度十度等法。智顗說：

> 「苦」有無量相，十法界果不同故；「集」有無量相，五住煩惱不同故；「道」有無量相，恒沙佛法不同故；「滅」有無量相，諸波羅蜜不同故。

　　別教的因，依空、假、中三觀修習，觀一切法俱是空、假、中三諦，親見不思議理性，次第修此三觀，稱「次第三觀」。別教的果，不住空、假二邊，體自寂滅，無住涅槃。

　　第四圓教：圓是圓融、圓滿，圓滿融通、真實。《天台八教大意》中說：「圓教者，圓名圓妙。《華嚴》法界廣大，《淨名》入不二法門，《般若》最上之乘，《涅槃》一心五行等，並圓妙法也。」三諦圓融名圓，不可思議名妙。此教只教化上根利智之菩薩，以中道實相為目的，「無作四諦」[51]等。智顗說：

51　無作四諦：為天台宗智顗大師所立四種四諦之一。此係圓教之說，主張迷悟之當體即為實相；認為大乘菩薩圓觀諸法，事事即理而無有造作。

> 「以迷理故，菩提是煩惱，名「集」諦；涅槃是生死，
> 名「苦」諦。以能解故，煩惱即菩提，名「道」諦；生死
> 即涅槃，名「滅」諦。即事而中，無思無念，無誰造作，
> 故名「無作」。」[52]

他將苦、集、滅、道看作一事兩面。如菩提即煩惱，煩惱即
菩提，作如是觀，徹底化解一切分別。圓教的因，是一心三觀，
剎那一念，即其三千，依此而修，可證「三德涅槃」，便能獲圓教
之果。

（五）華嚴五教十宗

華嚴宗在判教上尊《華嚴經》為最高經典，並從此經的思想，
發展出法界緣起、十玄、四法界[53]、六相圓融的學說，發揮事事
無礙的理論。五教十宗是賢首宗的教相判釋。賢首宗人為表明自
宗在佛教當中的位置，依自宗的宗義把釋迦如來一代所說的教法
分別判作五教十宗。

1. 五　教

五教是依所詮法義的淺深，把佛一代所說教相分為五類；如
《華嚴經探玄記》說 :「以義分教，教類有五」。五教的分類是一、
小乘教，法有我無門；二、大乘始教，生即無生門；三、終教，
事法圓融門；四、頓教，語觀雙絕門；五、圓教，華嚴三昧門。
五教之判似發端於初祖杜順所說，由《五教止觀》判分五教：

　（1）小乘教又名愚法二乘教，是對不接受大乘教的小乘根機

---

52 《法華玄義》卷二下，《大正藏》卷33。
53 即華嚴宗之宇宙觀。又作四種法界、四界。

而說，如「發智」、「六足」、「婆沙」「俱舍」、「雜心」、「正理」、「顯宗」、「成實」等教法。愚法是對迷執自法，昧於大乘法空的妙理，所以叫作愚法。小乘隨機施設緣故，只說人空，不明法空，此為大乘所斥，乃二乘人所受之法。

（2）大乘始教是對從小乘始入大乘的根器未熟者所說的教法。此教是大乘的初門，相對後者的終教而言，故名大乘始教。大乘始教廣談法相，少及法性，其中可分為空始教與相始教。《般若》、《中論》等，所說真空無相之理，唯破有說空，因未盡大乘妙理，故言「空始教」。《深密》、《瑜伽》、《唯識》等經論，雖及五位百法而不談一切眾生皆能成佛故為「相始教」。

（3）終教是指大乘漸教中的終極教門，又此教已達大乘實相，故又名實教，又對根機較成熟者所施設，所以又名「熟教」。其闡揚之《楞伽》、《密嚴》、《勝鬘》、《起信》、《寶性》等經論所說「真如緣起」法門，相即相入，理外無事，事外無理，說一切眾生皆成正覺等。此教與「始教」相對而言，故名「終教」。

（4）頓教教門，離言離相，頓解頓成，不經階位次第，一念不生，離言絕相即名為佛，所以叫它作頓。此教不說法相，不立五法三自性，不立斷惑詮理，只辨真性，如《維摩經》等即屬此門。

（5）圓教者，圓融無礙的教門。此教設性海圓融，隨緣起成無盡法界，重重無際，微細相容，主伴無盡，一真法界，相即相入，於中一位即一切位，一切位即一位，十億滿攝五位成正覺等，故云「圓教」，前四教是方便教，此教是一乘真實教。由此圓教再開為「同」、「別」二教。

在中國佛學史上華嚴之五教觀是對所有佛教經論作出分類，

以凸顯己宗之優勝。其中天台五時八教之系統最為清晰完備。然而每一判教系統都有根本關懷。華嚴五教依諸經發展脈絡而鋪陳其說，據近代學者方立天教授研究，認為此說有所商榷。[54]

杜順《華嚴五教止觀》觀點：

> 第一法有我無門。夫對病而裁方，病盡而方息，治執而施藥，執遣而藥已。為病既多，與藥非一，隨機進修，異所以方便不同。眾生從無始以來，執身為一，計我我所，如來慈悲為破此病故，都開四藥以治四病。……問：既言空有無二，即入融通者，如何復云見眼耳等，即入法界中耶？答：若能見空有如是者，即妄見心盡，方得順理入法界也。何以故？以緣起法界離見亡情，繁興萬像故。[55]

由此觀之，五教止觀是對治眾生分類之學，後名為小乘教之「法有我無門」，以破除我執為目標；「無生門」以析相入空為修證目的；事理圓融即空有無二，入緣起現象真實世界。大乘頓教，圓融亦相奪即入語觀雙絕，即無言，「蕭然物外，超情離念，迥出擬議，頓塞百非，語觀雙絕，故使妄心冰釋，諸見雲披，唯證相應，豈關言說。」[56]，故大乘頓教著力於去我執、去名相、融事

---

54 「現題為杜順所作的《華嚴五教止觀》，其五教內容與法藏的五教說是一致的。但該書和法藏的《華嚴遊心法界記》基本相同，而且書中出現杜順後武周時才改稱的佛授記寺名，又轉用了不少玄奘的譯語，似非杜順原作。上面提過，五教的區分是智儼繼承地論攝論兩派餘緒而創立的，但名目一直沒有確定，法藏是在智儼判教的基礎上再吸收天台宗的判教說加以重新組織而成五教說的。」（方立天：《法藏》。台北，東大圖書公司，1991，頁51。）
55 杜順：《華嚴五教止觀》，《中國佛教思想資料選編》，弘文館出版社，1986，頁2－10。
56 杜順：《華嚴五教止觀》，《中國佛教思想資料選編》，弘文館出版社，1986，頁9。

理、而進至言語道斷、心行處滅之頓悟境之地。至於所說圓教即說華嚴三昧境是重入整體一大緣起世界海的清淨境界，入於「離見亡情」，交融於「繁興萬象」中。華嚴宗哲學的「法界緣起觀」以世界海的清淨心流衍，圓融無礙而重重無盡。

2. 十　宗

初祖杜順和尚撰《五教止觀》，雖有第一門「法有我無門」所屬小乘教，唯其小乘並未配合於前六宗，至三祖法藏時，首開五教為十宗，也就是依佛陀所說的義理而劃分，詳見如下：

（1）我法俱有宗：佛陀為教化人天眾生而方便言此法，故未說我、法二空，其對象是人天乘、小乘中犢子部、法上部、賢冑部、正量部、密林山部及根本部等論說。

（2）法有我無宗：這派主張諸法通於三世，其體恒有，故立法為實有，執我非有，例如說一切有部、雪山部、多聞部等部派。

（3）法無去來宗：過去及未來諸法，體、用俱無，惟現在諸有為法與無為法為有，這是大眾、說轉、雞胤、制多山、西山、北山、法藏、飲光部等屬之。

（4）現通假實宗：此部認為「過去」、「未來」無實體，「現在」的有為法中也有假、有實。蓋五蘊中者為實，十二處、十八界為假，如《成實論》等，皆屬此類。

（5）俗妄真實宗：主張諸法在世間但有假名，虛妄不實。唯有說出世間真諦之佛教真理為實在，部派說出世部等屬之。

（6）諸法但名宗：此部主張諸法唯有假立之名，無有實體，一說部等均屬此類，這是小乘中的極端教派。

（7）一切皆空宗：相當於五教中的大乘始教(空始教)。在「無相大乘」裏，一切諸法，不論有漏、無漏，皆空無相，《般若經》及三論屬此類。

（8）真德不空宗：相當於五教中的大乘終教。謂如來藏具足無量性德，而真如之「理」，與萬有之「事」，無礙圓融，《維摩》、《勝鬘》、《楞伽》、《起信》、《寶性》、《佛性》等經論屬此。

（9）相想俱絕宗：相當於五教中的大乘頓教。「相」是所緣的境相，「想」是能緣的心想，即客觀的「對象」，與主觀的「能取」泯亡，一念不生即佛，絕離一切言說，語觀雙絕，理性頓顯之境，《維摩經》屬此法門。[57]

（10）圓明具德宗：相當於五教中的一乘圓教。圓滿顯現法界自體所具德用的無盡緣起妙理，主伴具足，圓融自在，《華嚴經》屬此類。

前六宗即小乘教，第七至第十依序即大乘始教、終教、頓教、圓教，第十即華嚴的教旨。前述五教與十宗的關係，見下表：

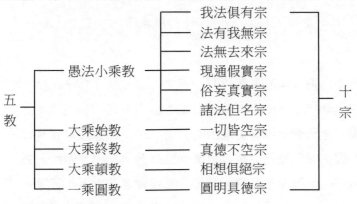

五教
　愚法小乘教
　大乘始教
　大乘終教
　大乘頓教
　一乘圓教

我法俱有宗
法有我無宗
法無去來宗
現通假實宗
俗妄真實宗
諸法但名宗
一切皆空宗
真德不空宗
相想俱絕宗
圓明具德宗

十宗

---

57 以上十宗參見星雲：《佛光教科書》第五冊。台北：佛光文化事業有限公司，1999，頁 41－166。

三、總　結

　　天台、華嚴，均表現於其判教及其言正觀，同為中國佛學之大成。天台智顗之判教，乃慧觀判教論之一綜。華嚴宗法藏取至宗密之判教，可謂依天台之判教，而增補而成。蓋上承慧觀之五時判教之說，兩者的教相判釋，歷來就備受佛教界和學術界的重視。

　　天台大師創五時八教，其判教學說直接體現《法華經》旨趣，也充份反映出「圓教」的圓融精神。五時與五味，五時與八教相互涵攝，八教中的化儀與化法四教又互相兼融，而權宜方便，亦各據其理，將「圓教」之「皆約真如實相、佛性涅槃」、「種種法門、行位階級，無不與實相相應，攝一切法，從初一地無不具足一切諸地。」發揮得淋漓盡致。智顗的天台「五時八教」，經歷代天台宗師加以發揮及闡述，成為體系之重要部分，諦觀說：

> 　「天台智者大師以五時八教判釋東流一代聖教，罄無不盡」[58]

　　他為天台判教作出了客觀而平實之評論，為「五時八教」作出了清楚之脈絡，因此成為天台教學之正統。

　　華嚴宗之判教觀依經論宗派的架構，以彰顯華嚴佛境界的法界觀，其觀法以理論為宗趣。華嚴判教為教化而設，天台化法、化儀也可以說一為觀一為教而設，可謂觀教兼備，因此華嚴自可

---

[58] 《天台四教儀》，《大正藏》No. 1931。

合教觀於一系而說。故華嚴判教系統以佛智的境界為最高，其所觀照的思維從漸而頓，以證入圓滿的終境，故說為合教觀的判教系統。在觀門所實踐的教法是止觀不二，即教觀不二，化法化儀亦實質地進行著種種的交融互攝。故太虛大師在《略說賢首義》：「……要之，賢首於佛果實智之境，宗依《華嚴》發揮者，實有足多，於明佛果利他權智之秘妙，則又多推天台依《法華》者為擅長耳。」他特別指出了華嚴、天台兩家判教各有千秋。牟宗三先生比較兩宗判教時認為天台之「圓具諸法」比較華嚴宗之「別教一乘圓教」是「緣理斷九」[59]，他說：

> 以真心不即妄歸真，乃離妄歸真故。此即天台宗所謂緣理斷九，屬斷斷也。[60]

由此可見，牟先生已認定華嚴宗判教不如天台宗判教圓融圓滿。他從判教上看天台宗的別教較華嚴宗始教與終教更為周密。牟氏融合兩宗判教，各取其長，使教相判釋更適合當世之發展及調和彼此間之矛盾。

---

59 即以真如之理斷掉九界、亦斷掉無明，方顯佛界、方顯法性。
60 牟宗三：《佛性與般若》上冊。台北：學生書局，1997，頁 478。

論佛教傳入中國之始

一、導　言

　　佛教產生於印度，發揚於中國，成為世界三大宗教之一，在長期流傳、轉化中，逐漸發展成為我國民族宗教及文化不可分割信仰之一。誠然，佛教傳入中國，對於歷史、地理、宗教、文化，以至交通都起了重大變化，其傳入的確實年代，實值得研究。

　　本文旨在列舉歷代佛教傳入中國之各種異說，繼而根據史實及文獻之年代及內容作一考證，以確定佛教傳入之始。文中徵引原文史料及經文篇幅甚多，對於各種異說，亦加以評論。惟研究範圍主要在兩漢之前，至於漢以後之史料不在本文研究範圍之內。最後，期望本文能為初涉佛史研究者帶來一點指引及啟發。

二、佛教傳入中國之傳說

　　佛教傳入我國，始於何年？歷來眾說紛紜，莫衷一是，各家記載，有因襲推進之跡，又或添加神話之故事色彩及傳說，究其原因有二：(1)佛教初傳入中亞細亞後，由於中亞細亞與中國彼此

交涉、往還，漸次傳至中國，故探其確實之年代，實非易事。(2)
中國固有宗教仰者，皆以道教為宗，蓋佛教之傳入，遂而激發道
教教團之形成。故魏晉以後，兩教教派為抬高各自地位，論爭不
休，佛教為保持其權威性，便將傳入之年代推向前。如西晉道士
王浮偽造《老子化胡經》，說成老子西涉流沙，入天竺為佛，化度
胡人，釋迦牟尼實為其後世弟子。而佛徒亦作出相應的行為，針
鋒相對，說老子之前佛陀已經在世傳道……，因而各式偽書、史
冊記載佛教東傳之事，佛教由此，便蒙上神秘之面紗。茲將佛教
傳入中土各種諸說，陳述如下。

（一）三代以前

佛教約產生於印度公元前六世紀末到前五世紀初，與中國聖
賢先師孔子同期，時藉春秋戰國，中國文獻卻記載三代以前既知
有佛。劉宋宗炳的《明佛論》：

> 伯益述《山海》：「天毒之國，偎人而愛人。」[1]

> 《郭璞傳》：「古稱天毒即天竺，浮屠所興。偎愛之義，亦
> 如來大慈之訓矣，固亦既聞於三五之世也。」[2]

伯益是舜帝時東夷部落的首領，傳說曾助大禹治水，為其副
手。文中的「三五之世」乃指三皇五帝。唐代僧人道宣在其《歸
正篇・佛為老師》中說：

> 余尋終古三五帝皇，有事西奔，罕聞東逝，故軒轅游

1　《弘明集》卷二，《大正大藏經》卷五十二，頁 12 中至下。
2　《弘明集》卷二，《大正大藏經》卷五十二，頁 12 中至下。

華胥之國，王邵云即天竺；又陟昆倉之墟，即香山也。……
以事詳之，並從於佛國也[3]

　　說三代以前(即在大約三、四千年前)，比舜還要早的黃帝本
人已至佛國，甚為謬誤。其時釋迦尚未降生，何有佛教耶？其二，
《山海經》須為伯益所作，然其成書於戰國後期；其三，天毒非
為天竺，而是朝鮮國。誠然，宗炳和道宣乃一代名人何以這樣說？
我想在當時佛、道之爭中的環境裏，作為領導佛教或在佛教中舉
足輕重之人物，為鞏固其教之說，亦身不由己，故把佛史說得越
久則越為有利。

（二）周　代

　　過往，僧侶為其教而作出種種歪曲史書和經籍，藉此，壓倒
當時之道教教團。例如，三國時謝承《後漢書》，記述佛陀生於周
莊王九年癸丑七月十五日寄生在淨位國摩耶夫人腹中，至周莊王
十年甲寅四月八日生。[4]《魏書·釋老志》說：「釋迦生時，當周
莊王九年。《春秋》魯莊公七年夏四月，恆星不見，夜明，是也。」
據年代考據，魯莊公七年相等於周莊王十年，故九年之說實為虛
也。然隋長房《歷代三寶記》、《隋書·經籍志》等均採此說。隋
費長房（開皇十七年，翻經學士）云：

　　周莊王十年，佛生。[5]

　　又宋，羅壁識遺云和古今論者，周素異紀云：

3　《廣弘明集》卷一。
4　唐韓鄂：《歲華記麗》卷三。
5　費長房：《歷代三寶記》卷一。

> 周昭王二十四年，甲寅歲，四月八日，井泉溢，宮殿
> 震。夜，恆星不見，太史蘇繇占為西方聖人生之異也。……
> 春秋書恆星不見，於莊公十年，甲什歲，上去昭王甲寅，
> 三百四十年，周紀亦附會無稽之談也。[6]

此說可為佛降生時之參考。此外，名僧侶道宣引《列子》云：

> 不可窮極，穆王敬之若聖。此則佛化之初及也。[7]

亦可見一斑。

　　唐初武德年間，太史傅奕反佛，上疏 「請除佛法」，對當時
佛教佛團及信徒起了很大的變化。時有濟法寺僧侶法琳於武德五
年(公元 622 年)撰文反駁，引證材料，以明佛法之傳入源遠流長，
並作《破邪論》引《周書異記》云：

> 周昭王即位二十四年甲寅歲四月八日，江河泉池忽然
> 泛漲，井水並皆溢出。宮殿人舍，山川大地，悉震動。其
> 叵五色光氣入貫太微，遍於西方，盡作青紅色。周昭王問
> 太史蘇由曰：「是何樣也？」蘇由對曰：「有大聖人生於西
> 方，故現此瑞。」昭王曰：「於天下何如？」由曰：「即時
> 無他，一千年外聲教於此土。」昭王即遣鑄石記之，埋在
> 南郊天祠前。」[8]

周昭王為公元前 10 世紀左右之人，其斷言佛生於此時，硬把釋迦

---

6 張曼濤：《中國佛教史論集(一)》・《現代佛教學術叢刊五》。台灣：現代佛
　教學術叢刊，1977(初版)，頁 3。
7 唐・釋道宣：《簡諸宰輔叙佛教隆替狀》。
8 《大正大藏經》卷五十二，頁 163 上。

之生辰向前推四、五百年。法琳本意旨在反駁太史丞傅，並說明周之一代，享國壽 800 年，國祚與佛法同存，無礙國運，因而無廢馳摒棄之理，其論點十分有力，惟因此佛教傳入中國之期，被他推到周昭王二十四年(公元前 977 年)。其後考據《周書異記》為偽書，但當時的佛教徒對辯駁傅奕大為振奮，其後佛徒不論真假，多喜引用。

（三）穆天子時期

據說西晉時，太康年間(公元 280-289)，盜墓者掘河南汲縣魏王墓，得竹書數十車，其中有《穆天子傳》二十四篇。《傳》中記載周穆王游幸西方，並有西方聖人點化東來之說。僧祐《弘明集後序》引《列子》記載：

> 《列子》稱：「周穆王時，西極有化人來，入水火，貫金石，反山川，移城邑，乘虛不墜，觸實不得，千變萬化，不可窮極。既能變人之形，又且易人之患。穆王敬之若神，事之若君。」觀其靈迹，乃開士(菩薩)所化；大法萌兆，已見周初，感應之漸，非起漢世。[9]

> 《列子》實為魏晉人所作。文中「化人」據說是佛陀的大弟子。佛陀雖不親臨教化，但派菩薩弟子弘化中土，對此，僧祐信以為實。因此，穆王與佛教的關係連接起來。此外，佛祖歷代通載卷三亦云：「蓋穆王西巡，登崑崙之虛，宜有異域教師，聞風而至，但王不知是佛弟子，似只

---

9 《弘明集》卷十四，《大正大藏經》卷五十二，頁 95 中至下。

神其術，而非崇其道，未曾為思想之輸入，……。」[10]

隨後穆王之說，不絕於耳。《法苑珠林》卷十四云：

> 至秦穆公時，扶風獲一石佛，穆公不識，棄馬坊中污穢此像，護像神嗔。令公染疾，公又夢游上帝，極被責疏，覺問侍臣由余。便答云：「臣聞周穆王時有化人來此土，云是佛神，穆王信之，於終南山造中天台，高千餘尺，基址見存。又於倉頡台造神廟各三會道場。公今所患，殆非佛為之耶？」公聞大怖。[11]

上文以周穆王造佛建寺於中土，更突顯佛教傳入中國之神話；而「穆王第二子」所造之迦葉佛像[12]，更是秘中之秘。再者，《破邪論》說：「勘《周書異記》云：『穆王聞西方有佛，遂乘驊騮八駿之馬，西行求佛，因以禳之。』據此而推……信穆王之世，法已東行。」[13]

引文中穆王是於崑崙會西王母，卻變成法琳筆下之「西行求佛」，風馬牛不相及。

（四）孔子時

道宣在《歸正篇》中引《列子‧仲尼篇》云：

> 夫子動容有問曰：『丘聞西方有聖者焉，不治而不亂，不

---

10 《弘明集》卷十四，《大正大藏經》卷五十二，頁8。
11 《大正大藏經》卷五十三，頁394中。
12 《道宣律師感通錄》，《大正大藏經》卷五十二，頁438上至下。
13 見註7，頁485上。

言而自信，不化而自行，蕩蕩手人無能名焉。』

《列子》乃托周朝列御寇之名而作，實非晋朝作品，其思想似道家，其語言像神仙家；孔子和釋迦雖為同期，但萬里千山，路遙信渺的時代，對佛教知識之掌握，機會甚微。況且《列子》是一本寓言，以此論斷孔子論佛，其可信性甚低。顯而易見，佛徒搬孔子出來宣傳，以聖人口中道出之聖人，自然聲價十倍，似是對反佛之儒生最好的一擊。法琳反駁傅奕時曾說：

「若三王五帝必是大聖，孔丘豈隱而不說，便有匿聖之愆。」[14]

這樣成了佛徒抬高佛教及攻擊敵論的金漆招牌。由此可知，當時的論爭之激烈，鬥爭之厲害矣！

（五）戰國時

戰國時已有佛教，時燕王即位七年(公元 305 年)，晋王嘉云：

沐胥之國來朝，則申毒國之一名也。有道術人名尸羅，問其年，云百三十歲。荷錫持瓶，云發其國五年乃至燕都。善銜惑之術，於其指端出浮屠十層，高三尺。[15]

據考察印度並無沐胥之國，因此《拾遺記》所載並不可信。蓋燕昭王時，佛教尚未傳入印度西北，更遑論傳入中國！《史記》、《水

---

14 唐・法琳《破邪論》，《廣弘明集》卷十一，《大正大藏經》卷五十二，頁 161 中至下。
15 晋王嘉《拾遺記》卷四。

經注》等史書載：燕王禮賢下士，延聘方術之士，故戰國時，佛教傳入中國大概是從此事附會吧！

（六）古阿育王寺時

劉宋宗炳《明佛論》明載臨淄、河東等地皆有阿育王寺，其結論為：

> 由此觀之，有佛事於齊魯之地久矣哉。[16]

又云：

> 於佛滅後百年，有王阿育，以神力分佛舍利，役使鬼神，造八萬四千塔，布於世界，皆同日而就。今洛陽、彭城、姑臧、臨淄皆有阿育王寺，蓋承其遺迹焉。[17]

又云：

> 東天竺國有阿育王收佛舍利，役使鬼神，散起八萬四千寶塔，遍閻浮提。我此漢土九洲之內，並有塔焉。育王起塔之時，當此周敬王二十六年丁未歲也。塔興周也，經十二王，至秦始王三十四年，焚燒異典籍，育王塔由此淪亡。佛家經傳靡知所在。[18]

道宣又在《集神州三寶感通錄》記下阿育王造塔計有：會稽、金陵、青州、河東等地二十處之多。

---

16 《弘明集》卷二，《大正大藏經》卷五十二，頁12下。
17 《魏書‧釋老志》。
18 《廣弘明集》卷十一。

　　總觀上文,實屬無稽之談。阿育王不但在印度建成無數佛塔,而且造塔遍及世界,似有誇大之言。無論道宣、法琳或《魏書·釋老志》記載,都不敢斷言親眼所見,有史可尋,只說傳說而已。這可能是中國佛徒對宗教之狂熱,而附會阿育王之遺址而已。誠然,《竺慧達傳》云:

> 晉寧康中,(慧達)至京師。先是簡文皇帝於長干寺造三層塔,塔成之後,每夕放光。達上越城願望,見此剎杪,獨有異色,便往拜敬,晨夕懇到。夜見剎下時有光出,乃告人共掘。掘丈許,得三石碑,中央碑覆中有一鐵函,函中又有銀函,銀函裏金函,金函裏有三舍利,又有一爪甲及一髮。髮長數尺,卷則成螺,光色炫耀,乃周宣王時阿育王起八萬四千塔,即此一也。[19]

當年掘出之物是否舍利子,無人能作證,一如湯用彤所說:

> 魏晉佛塔,或原系中國式建築。掘出基墟,認為古塔,原無足怪。……地下枯骨,所在皆有,不必即其所傳故事,盡屬虛構也。[20]

(七) 秦始皇時

　　秦代曾有高僧來華。唐法琳《對傅奕廢佛僧事》引用道安、朱士行等《經錄》一書說:

> 始皇之時,有外國沙門釋利防等一十八人賢者,貴佛

19　《高僧傳》卷十四,《竺慧達傳》。
20　湯用彤《漢魏兩晉南北市佛教史》上冊,中華書局,1983,頁5。

經來化始皇。始皇不從，乃囚防等，夜有金剛丈六人來，破獄出之。始皇驚怖，稽首謝焉。[21]

　　就這樣秦時佛教已傳入中國。但秦始皇與阿育王兩人在位時間相差不遠，前者公元前 246 年至前 210 年；後者公元前 273 年至前 232 年。說秦始皇時，有佛僧來華，在南北朝以前未載此事，例如《歷代三寶記》、《出三藏記集》、《魏書・釋老志》應有記載。如此《經錄》一書未必可靠，甚或是偽書。

　　今之學者據兩皇同時考據，阿育王晚年亦曾遣使僧侶外出傳道，但傳入中國之可能性甚低，因為阿育王所遣之僧向北和西北遠達犍陀羅和大夏等國；向東至雪山邊，卻未翻越雪山及蔥嶺等地(即中國西域地區)，故秦朝沿陸路傳入佛法之說不可成立。又或說從海路達斯里蘭卡，但以當時航海技術看似不可能，亦無考古實物作證，故始皇時佛教已傳入中國之推論，似無實據，乃不可信也！

（八）漢武帝時

　　漢武帝時佛教已傳入中國說。劉宋宗：

「東方朔對漢武劫燒之說。」[22]

　　是說明東方朔已知佛教之文化。然《史記・東方朔傳》說東方朔「好古傳書，愛經術，多所博觀外家之語」，並無明確記述他對佛教文化的認識。宗炳之後，約公元前 120 年開挖巨大人工湖

---

21 唐・法琳《破邪論》，《廣弘明集》卷十一，《大正大藏經》卷五十二，頁166 中。
22 劉宋宗《明佛論》。

── 昆明池，在池底得一黑形物質，武帝問東方朔此物何來，東方朔回答說：

> 不知，可問西域胡人。[23]

更有人作出解說為：「世界終盡，劫火洞燒，此灰是也。」直至東漢時期，才有印度僧侶為此作釋，而湯用彤先生在其《佛教史》說出宗炳的《明佛論》中，只是間中提到這種說法，是東方朔自己解決了問題，故佛教在那時傳入中國的資料，仍不夠明確，此其一也。

公元前 120 年，漢大將軍霍去病在休屠（Kara-nor）得金像，時眾人皆視為佛像，其像高十尺多，祭祀儀式只用香燭，不用禽畜[24]。這個史料早在張晏著作中已曾發現。關於祭天金人，《魏書》中說明漢武帝時已有佛教文化流傳於國內：

> 漢武元狩中，遣霍去病討匈奴，至皋蘭，過居延，斬首大獲。昆邪王殺休屠王。將其從五萬來降。獲其金人，帝以為大神，列子甘泉宮。金人率長丈餘，不祭祀，但燒香禮拜而已。此則佛道流通之漸也。[25]

查《史記》、《漢書》，漢得金人在投降之前，故二書亦記「祭天金人」。魏收對匈奴祭天的習俗，似有不解之處。其次，武帝得金人，已隱含著佛教已在漢時傳入中國，末句為此作證，但事實又不然，因原始材料出了問題。《世說新語・文學》注云：「《漢武故事》曰：

---

23 《高僧傳・竺法蘭傳》。
24 芮沃壽(A.F.Wright)：《佛圖澄傳》。
25 《魏書・釋老志》。

「昆邪王殺休屠王，以其眾來降。得其金人之神，置之甘泉宮。金人皆長丈餘，其祭不用牛，羊，唯燒香禮拜。上使依其國俗事之。此神全類於佛，豈當漢武之時，其經未行於中土，而但神明事之耶？」劉孝標為蕭梁時期在《世說新語》作注時，比魏收為先，故其文字之來源，應出於《魏書・釋老志》。魏收未考據史料而作實證引文，故有以訛傳訛之誤。最明顯的例子是當他看到佛史的「金人」字眼，竟把《漢武故事》中的「金人」視而為一，故把「佛道之漸」由漢明時期，瞬即變為漢武年代。

匈奴「金人」，實為「祭天金人」，這從《史記》中可明證：

> 其明年春，漢使驃騎將軍霍去病將萬騎出隴西，過焉支山千餘里，擊匈奴，得胡首虜騎萬八千餘級，得休屠王祭天金人。[26]

又曰：

> 轉戰六日，過焉支山千有餘里，合短兵，殺折蘭王，轉盧胡王，執渾邪王子及相國都尉，首虜八千餘級，收休屠祭天金人。[27]

再者，《史記》中記述「祭天金人」，也有同樣的記載，只是魏收本人對匈奴祭天之事不大明瞭，以為「祭天金人」的習俗，相等於漢明的夢中的「金人」，故有混淆而已。其實，匈奴如同秦漢一樣，在節日或儀軌都會祭祀天地、日月、鬼神，按其習俗奉行自然崇拜，如下文記載：

26　《史記・匈奴列傳》。
27　《衞將軍驃騎列傳》。

　　　　歲正月，諸長小會單於庭，祠；五月，大會龍城，祭
　　其先、天地、鬼神。[28]

又曰：

　　　　匈奴俗，歲有三龍祠，常以正月、五月、九月戊日祭
　　天神。[29]

因此，我相信這「金人」只是匈奴祭天時應有之神主，從今天時代看起來，像是用來舉行習俗儀式的一面銅像，似與佛教佛像並不相同，也沒有什麼直接、間接關係。故《釋老志》所載，視金人為「佛道流通之漸」不足為信，也不能說成漢武之時，佛教已傳入中國，此其二也。

　　另有一個著名傳說，叙述了明帝(58-75年)在位時「官方」引進佛教的情況。據說，明帝感夢派遣使者赴月氏國迎請佛典，最後使團攜經回國，皇帝建白馬寺於洛陽，以示嘉許。

　　魏收因相信金人與佛教有關，故他在《魏書》叙述匈奴金人之事又說：「及開西域，遣張騫使大夏還，傳其旁有身毒國，一名天竺，始聞有浮屠之教。」

　　張騫出使西域，留大夏約一載，大夏與身毒互為鄰國，如大夏國內有佛教文化流行，張騫豈會不載？誠然，《史記‧大宛列傳》、《漢書》的《張騫傳》和《西域傳》卻全無記載之痕跡。一如宋范曄所說：

　　　　至於佛道神化，興自身毒，而二漢方志，莫有稱焉。張騫

28　《史記‧匈奴列傳》。
29　《後漢書‧南匈奴傳》。

但著地多暑濕，乘象而戰。[30]

據此，「始聞浮屠之教」是魏收依通西域事而加以推測之詞，惟魏收身為史官，在整理材料時出了錯誤而導致史料失實，故張騫時佛教文化傳入中國，亦不可信。

綜觀上文，學者馬伯樂和湯用彤有不同的結論。湯氏用正面假設傳說的背後有其核心的史實，故有其可能性的[31]。而馬氏則持相反的意見，他認為張騫取經在年代上出現很多矛盾，而且傳說中充滿虛構性質，故拒接受此一論點。此為三也。

（九）劉向時

劉向(約公元前 77 年至前 6 年)，字子政，西漢經學家、目錄學家。成帝時，任光祿大夫等職。曾校閱群書，著《別錄》，為中國目錄學之始祖。劉宋宗炳的《明佛論》載；

> 劉向《列仙傳》，74 人在佛經。[32]

在這篇文章中編者自言搜集共 146 位仙人的傳記，其中 74 已在佛經中有出現的記錄，但實際只有 72 人。[33]

其實，在法琳駁傳奕的奏文中，佛教傳入之說，已有典籍記載其與中國的關係。法琳說：

> 前漢成帝時，都水使者光祿大夫劉向傳云，向博觀史

30　《後漢書・西域傳》。
31　湯用彤：《漢佛教史》，頁 24－26。
32　《弘明集》卷二。
33　《世說新語》卷一下，頁 16。

籍，備覽經書，每自稱曰：「余遍尋典籍，往往見有佛經。」
及著《列仙傳》云：「吾搜檢藏書，緬尋太史，創撰《列
仙圖》，自黃帝以下六代迄到於今，得仙道者七百餘人，
向檢虛實，定得一百四十六人。」又云其七十四人已見佛
經矣。推劉向言藏書者，蓋始皇時人間藏書也。或云夫子
宅內所藏之書。據此而論，豈非秦漢以前早有佛法流行震
旦也。尋道安所載十二賢者，亦在七十四之數，今《列仙
傳》見有七十二人。[34]

上文不見於正史，而法琳取材於《劉向傳》，經考據所得《漢
書・劉向傳》，並無此段文字記載，其子劉歆《藝文志》在《七略》
輯其父劉向所校之書，亦未見載有任何佛經之資料。佛教傳入斯
里蘭卡後，於公元前一世紀才用文字把佛典記錄，至公元後才寫
成經文，因此，劉向校書目時，理應看不見佛典的經文。追本尋
源，其引錄出於《世說新語》劉孝標注，其載曰：

劉子政《列仙傳》曰：「歷觀百家之中，以相檢驗，得
仙者百四十六人，其七十四人已在佛經，故撰得七十。可
多聞博識者遐觀焉。」如此，即漢成、哀之間，已有經。[35]

劉發現佛經的來源，大概如此。然北齊顏之推說：

《列仙傳》，劉向所造，而《贊》云七十四人出佛經……

---

34 法琳：《破邪論》。
35 《世說新語・文學》。

皆由後人所羼，非木文也。[36]

學者頗為接受這個講法。俞正《癸已類稿》卷十四《僧徒造劉向文考》對自宗炳、法琳、道宣⋯⋯偽造佛教傳入中國的因由分析得精闢、透徹。[37]

（十）佛、道鬥法

這個傳說出於較後時期。相傳在公元 69 年，當時帝皇下命佛、道互相鬥法，結果道不及佛，皇帝便皈依佛教，幾百中國人出家為僧，並建寺數十於洛陽城，當今學者認為此傳說是出於偽書《漢法本內傳》[38]（已佚），是一部劣作，故不可信。

以上諸說，言佛教早傳於中土，或為時勢所趨，或為傳說無稽，或為考據失實⋯⋯，總之，不足為信。然佛教傳於中土，當於兩漢之際，其年代為之可靠，學者多表贊同，似無異議。

三、佛教傳入中國

漢武帝時不局限於西北邊陲之陸路上，還顧及東南沿海諸地。這兩條海、陸之地，對中國政治、軍事、文化、貿易及宗教傳播起了積極的推動作用。

---

36 顏之推：〈書証篇〉《顏氏家訓》卷六。
37 王利器：《顏氏家訓集解》。上海古籍出版社，1980 年，頁 442－443。
38 《續高僧傳》卷 23，頁 624 下。

（一）交通方面

　　約公元一世紀前，在兩漢之際印度佛教逐漸通過商旅相互貿易傳入中國。其主要海、陸交通，皆起了積極的作用。

　　據文獻的記載，佛教從陸路傳入中國，自漢武帝經營西域以來，將東西交通要道貫通，即從現今的中亞細亞及新疆到達中國，僧侶往返中印多走這條路為主，著名僧侶有唐玄奘三藏法師往天竺取經皆依此路線。至於海路則經由錫蘭、爪哇、馬來半島、越南而到達中國的交趾、廣州，著名高僧從此路傳道者有求那跋陀羅、真諦等高僧。

（二）大月氏口授佛經：

　　佛教傳入中國，傳聞之多，不一而足，但史學家多公認是兩漢之際，其依據為《三國志・魏志》：

　　　　昔漢哀帝元執元(公元前 2 年)，博士弟子景盧受大月
　　　氏王使伊存口授《浮屠經》。曰復立者，其人也。《浮屠》
　　　所載臨蒲塞、桑門、伯聞、疏問、白疏問、比丘、晨門，
　　　皆弟子號。[39]

這段記載較為可信，因曹魏豢所撰《魏略》成書較早。自張騫通西域，商政往來日益頻繁，使者來華，授經於博士，絕對可信。由於在公元前一世紀以前，佛教經典的傳播以口授相傳，較為人所接受。

　　伊存口授佛經既為事實，然佛教知識未被廣泛推廣及傳播，

---

39 《三國志・魏志》卷 30，頁 366 下。

信者甚少。《魏書・釋老志》記載：「中士聞之，未之信了也。」，西漢時正史亦未見記載，姑勿論如此，佛教傳入中土及得國人認識，已是鐵一般的事實。

（三）楚王英信佛：

約於公元一世紀中葉，佛教已逐漸傳播至中國各地，例如，淮北地區、河南東部、山東南部、江蘇北部……，其中以彭城為當時商業重鎮，是交通樞杻中心，外國商人多喜歡通過這條絲路往還中國。[40]

公元 193 年，軍閥笮融為徐州「郡守」時，奪取江蘇一帶縣城之谷物。194 年在他恩公死後，聯合黨羽進軍廣陵，殺縣令，取其位。195 年卻被揚州郡守劉繇(151-195)打敗，笮融潛入山中，不久被殺害。

笮融在位時，對於如何管理彭城地區的谷物運送及財政管理，有以下的記載：

> 乃大起浮圖祠，以銅為人，黃金塗身，衣以錦彩，垂銅九重，下為重樓閣道，可容三千餘人，悉課讀佛經，令界內及旁郡人有好佛者聽受道，復其他役以招致之，由此遠近前後至者五千餘人戶。每浴佛多設酒飯，布席於路，經數十里，民人來觀及就食且萬人，費以巨億計。[41]

以上文句，足證佛教在當時已傳入中國，並有若干儀式進行。此

---

40 孫毓棠：《漢代交通》，載於《中國社會經濟史集刊》卷七之一，1944。
41 《三國志・吳書・劉繇太史慈士燮傳》。

外，楚王英是東漢明帝的異母弟，好結交天下賓客，惟被人誣告，意圖作亂謀反，於永平八年判以死刑。幸當時明帝念其崇黃老之道，信浮屠經典，准予三十匹絹供養沙門、居士來贖其罪行，才幸免於難。由此可見，道儒之同時，信佛教是當時東漢上層統治者或皇族所嚮往之事，足見外國僧侶此時已在洛陽、長安，以至彭城一帶，並進行傳教活動。

　　故此，佛教在公元前後傳入中國，在接壤西域與中國陸路交通作傳入憑證是十分可靠的。

（四）明帝感夢

　　佛教傳入中國以明帝感夢遣使求法最為著名，《四十二章經序》和牟子《理惑論》最先記載，及後王浮《老子化胡經》、石趙王度《奏疏》、東晉袁宏《後漢記》、劉宗炳《明佛論》、范曄《後漢書・西域傳》、南齊王琰《冥祥記》、蕭梁僧佑《出三藏記集》、慧皎《高僧傳》、陶弘景《真誥》、北魏酈道二《水經注》、楊衒《洛陽伽藍記》、魏收《魏書・釋老誌》、偽書的《漢法本內傳》均有記述，其中以《四十二章經》和《後漢書・西域傳》的記載較為可靠，《四十二章經》載：

　　　　昔漢孝明皇帝，夜夢見神人，身體有金色，項有日光，飛在殿前。意中欣然，甚悅之。明日問群臣，此為何神也？有通人傅毅曰：「臣聞天竺有得道者，號曰佛，輕舉能飛，殆將其神也。」於是上悟，即遣使者張騫、羽林中郎將秦景、博士弟子王遵等十二人，至大月支國，取佛經四十二章，在十四石函中，登起立塔寺。於是道法流佈，處處修

立佛寺，遠人伏化，願為臣妾者不可勝數。國內清寧，含
識之類蒙恩受賴，於今不絕也。[42]

從上文看來，漢明帝求法雖有虛構成分，但寫作年代距漢明帝比
較接近，從基本情節是可信的，因為佛教於漢明帝年間已得帝王
同意，佛教被批準傳播已為史家不爭之事了。此外，《後漢書》也
有此記載：

世傳明帝夢見金人長大，頂有光明，以問群臣。或曰：
「西方有神名佛，其形長丈六尺而黃金色。」帝於是遣使
天竺問佛道法，遂於中國圖畫形象焉。楚王英始信其術，
中國因此頗有奉其道者；後桓帝好神，數祠浮圖、老子，
百姓稍有奉者，後遂轉盛。[43]

史官范曄用「世傳」這詞，說明其年代亦乏資料證實明帝感夢之
事；其次用楚王英信佛後，才有信眾跟隨，但為數不多，指出佛
教東傳之實況；最後，他引桓帝期間，有記錄佛教事跡於書，說
明佛教活動在此時傳入亦為事實，用「後遂轉盛」來總括佛教在
中國漸趨成熟，作為結束。

四、結　論

總而觀之，佛教傳入中國的傳說早在三代前，近在兩漢之際，

42　《四十二章經・序》。
43　《後漢書・西域傳》。

傳說雖多，但其可信者甚少。佛教流入中國當確定為自邊界（西域諸國）進入，再進國內，以永平十年，漢明帝遣使迎沙門進入洛陽；或曰伊存口授《浮屠經》；或曰商旅傳入；或曰楚英王信佛等等，乃信為佛教傳入之始。自明帝以後七十年間，別無它傳，故佛教之傳入被確定為兩漢之際。

五、參考書目

1.《三國志・吳志》卷四。

2.《三國志・魏志》卷三十，頁 366 下，注引《魏略・西戎傳》。

3.《大正大藏經》卷五十三。

4.《世說新語》卷一下。

5.《世說新語・文學》。

6.《史記・匈奴列傳》。

7.《弘明集》卷二，《大正大藏經》卷五十二。

8.《弘明集》卷十四，《大正大藏經》卷五十二。

9.《後漢書・西域傳》。

10.《後漢書・南匈奴傳》。

11.《高僧傳》卷十四，《竺慧達傳》。

12.《高僧傳・竺法蘭傳》。

13.《道宣律師感通錄》，《大正大藏經》卷五十二。

14.《廣弘明集》卷一。

15.《魏書・釋老志》。

16.《續高僧傳》卷二十三。

17.《衛將軍驃騎列傳》。

18.王利器《顏氏家訓集解》，上海古籍出版社，1980。

19.唐法琳：《破邪論》。

20.芮沃壽(A.F.Wright)：《佛圖澄傳》。

21.唐・法琳：《破邪論》，《廣弘明集》卷十一，《大正大藏經》卷五十二。

22.唐韓鄂：《歲華記麗》卷三。

23.唐・釋道宣：《簡諸宰輔叙佛教隆替狀》。

24.孫毓棠：《漢代交通》，載於《中國社會經濟史集刊》卷七之一，1944。

25.張曼濤：《中國佛教史論集(一)》(現代佛教學術叢刊五)，台灣：

26.現代佛教學術叢刊，1977(初版)。

27.湯用彤：《漢佛教史》。

28.湯用彤：《漢魏兩晉南北市佛教史》上冊，中華書局，1983。

29.費長房：《曆代三寶記》卷一。

30.劉宋宗：《明佛論》。

31.顏之推：《顏氏家訓》卷六《書証篇》。

32.晋王嘉：《拾遺記》卷四。

從唐代（公元 618－907）鬼節之禮儀
見其與社會與家庭之關係

一、導　言

　　「鬼節」俗稱「盂蘭節」或「盂蘭盆會」或「盂蘭盆節」，為農曆七月十五日，是漢系佛教地區依《盂蘭盆經》所記載，以佛事超度歷代宗親之佛教儀式，顯示宗教與民間之生活，息息相關，互為影響，互相依存，對中國民眾家庭所帶來深遠之影響。

　　「盂蘭」是印度梵語，華文譯為「倒懸」、「盆」，是用器。「倒懸」是頭向下，腳朝天之意，極為痛苦難受。表示人死後其亡靈受倒懸，在民間流傳已久，今盛於中國大陸、台灣、香港、澳門，以至東南亞及歐、美等國，為華人祭祖活動，思念親恩不可或缺之民風習俗。從盂蘭盆節的「盂蘭盆會」可窺見漢地文化吸收、融會、改造印度佛教之強大力量。

二、正　文

　　鬼節在中國中世紀對社會整體起着積極的作用，也成為學者廣泛研究的一個重要領域，法國史家謝和耐（Jacques Gernet）描繪關於中世紀宗教的知識存在的巨大缺陷有這樣的評論：

> 祈禱活動提出一根本性的且涉及廣泛的問題，即佛教是如何融入中國人的宗教生活的。哲學與教義上的借鑒及華北半野蠻的君主對聖僧人的且敬且畏，均不足以解釋 5 世紀末以降中國人所感受到的權度狂熱背後的普遍動力。簡言之，他們無法解釋佛教以何種方法在中國成為一影響廣泛的宗教。潛在的活動出現在地方崇拜及鄉里層面上，對此鮮為人知。當佛教挾其僧眾、信仰與在崇拜中的地位演變成一中國宗教後，其結果方顯露出來。[1]

引文中所指的「潛在活動」是中世紀時期。

(一)盂蘭節之起源

　　西晉時，《盂蘭盆經》被譯為漢文，記載釋迦弟子目連尊者，以神通力察見其母親墮餓鬼道中，境況堪憐，不能救拔。目連尊者以神通力，將飯菜送至母親以盡孝道。豈料飯菜至口邊即化為火焰，無力挽母，目連求教於釋迦，佛言：其母罪業深重，非一人之力可挽，須仗十方之力，助其母脫離苦海。目連依佛所言，

---

1 謝和耐：《中國文明文》。劍橋：劍橋大學出版社，1982，頁 215。

以有味飲食供養十方僧眾。最後其母終能脫離餓鬼道，目連感激佛陀，合掌而去。故事所包含不單是宗教的思想，而且有孝敬行的思想蘊藏其間，所以迅即融入中國文化，並為民眾欣然信受。

南朝時，盂蘭盆會由皇族創立，梁武帝為當時表表者，於僧眾大開齋筵，廣泛布施。自此，此節日成為漢文化之風俗習慣，經歷代帝皇之推崇、信奉，民間普遍甚為重視。

唐時，此節日推至高峰，盛極一時。日本僧人圓仁正處長安，記載當時盛況：城中各寺，七月十五，各具祭品，舖設供養，花臘花餅，假花果樹，巧意奇妙，極具熱鬧，場面盛大。《入唐求法巡禮行記》載：

> 十五日，赴四眾寺清，共頭陀等到彼寺齋。齋後，入度脫寺巡禮盂蘭盆會。及入州見龍泉。次入崇福寺巡禮佛殿。閣下諸院皆舖設張列，光彩映人，供陳珍妙。傾城人盡出來巡禮，黃昏自恣。[2]

(二)《盂蘭盆會》在中國社會的地位

中世紀時，《盂蘭盆會》只見於東亞地區，其神話及儀式不僅是印度，而且包括中亞諸國之貿易中心。鬼節之史籍正反映中國傳統社會之生活方式，例如目連救母的故事，透露出餓鬼、地獄的業報是從前世惡因所引致，合乎傳統中國社會善有善報惡有惡報之觀念，佛教中的《盂蘭盆會》已成為中國民眾之重要節日。至初唐，更成為中國宗教之一部分。葛蘭言（Marcel Granet）寫道：

2　圓仁：《入唐求法巡禮行記》。紐約：若奈德出版公司，1955，頁 268－269。

如果宗教的定義是個人對教義的大體明確的奉持及他們對教團多多少少的敬仰的話，說中國人奉行二三種宗教與說他們奉行一種同樣是錯誤的。的確，在中國只對祖先存在着幾乎明確無疑的信仰，若有人堪稱教士的話，那是俗人一家之主。[3]

(三)中世紀鬼節與佛教之關係

鬼節神話與佛教《目連救母變文》之故事已是家傳戶曉。民眾對目連之真實故事並非透過僧人說經而知，而是通過民間通俗的說唱者及散韻交織傳說中了解其故事，在唐朝時十分流行。

《盂蘭盆經》和《報恩奉盆經》約於公元四至六世紀收於中國佛教大藏經。兩經中記載釋迦訓誨弟子，在節日中僧眾須扮演鬼節中的儀式及責任。兩經通過佛陀授意該節日便成為一合法的神話。此外，鬼對僧團的重要性是來自《盂蘭盆經》的注疏，作者有：吉藏（549－623 年）、覺救（618－626 年）、慧淨（578－645 年）、慧沼（卒於 714 年）、宗密（780－841）、智郎（871－947 年）等。佛陀設立此節，為了奉行教喻及僧眾在儀式上的責任，關注僧伽的儀式活動。經中指出目連之母受難的殘酷場面，說明業報與孝道之重要意義，描述儀式實際演陳，為目連之神話添上豐富之題材。

(四)鬼節儀式對家庭影響

1. 宗教與家庭

中國百姓祭祀先祖、燒衣撒紙錢、獻食等十分常見，成

---

3 葛蘭言：《中國民眾的宗教》。紐約：哈潑和若，1977，頁 146。

為各家各戶日常生活之一部分。可見宗教與祖先、兒孫互相依賴，環環相扣，這也是中國家庭宗教和各禮儀之基石。《盂蘭盆經》目連與其母出場均含若干儀式作頭陣：

> 《目連》見其亡母生餓鬼，中不見飲食，皮骨連立。目連悲哀，即鉢盛飯往餉其母。母得鉢飯，便以左手障飯右手搏飯，食未入口化成火炭，遂不得食，目連大叫悲號啼泣。馳還白佛具陳如此。[4]

《盂蘭盆經》把僧侶和祖先及其子弟連結成一互惠網中，通過供養僧人及超度亡者作媒介，將功德或福德帶給陰間亡靈，這顯示僧侶具有一定之威力及能拯救受苦難之祖先，久而久之，這習俗已成為社會民眾對先祖之尊敬。

鬼節之傳播反映佛教僧人與中國家庭連為一線，甚或成為信仰之核心。僧眾之角色不再限於僧團活動，而是代表世代家族之幸福標誌。中世紀，佛教在中國本土化後，已深入民間，其祭祀儀式，表露無遺。

2. 僧人與家庭

眾所周知，中國僧侶向來與善緣相連，使家庭富裕，其所持者，獻身宗教進入修行之生活，令自己能產生一種再生力量（禪定），從而加持信眾，令過去祖先及現在家人得到福蔭。在中國中世紀，僧侶生活方式與家庭生活方式，在某種程度上是綜合的而非絕對地對立的。僧侶通過修行之潛藏力量幫助家庭得到幸福，因而在社會上建立一席位。僧侶不單作為祖先與民眾之福佑，而

---

4 竺法護譯：《盂蘭盆經》，《大正藏》第 16 冊，頁 779。

且作為出世者與宗教之交流。慧淨曰：

> 自恣羯磨，理通十方。和合成僧，不簡凡聖。神如匡
> 海，洞澤無方。威若地炎，生福無盡。所以能除貪賊見苦，
> 隨三生天自在應時解脫也。[5]

由此可見，當時民眾相信僧侶能帶給他們的家庭巨大之生活
力量。

3. 小　結

中國社會之宗教制度不離開家庭，百姓出家為僧看似離棄家
園，不負責任，常為社會人士所攻擊。此外僧侶可免徭役賦稅，
積儲資財，也成為別人之猜忌及敵視之目標。鬼節乃非本土文化，
為何迅速融入社會？蓋中土之社會制度與僧團互為影響，產生變
化，加上交換體系、銜接，連接家庭內外之人，發揮其群體之作
用。莫斯說：

> 進行交換、訂立契約、受義務束縛的是群體，而非個
> 人。此外，它們所交換的不獨為貨物及財富、不動產及動
> 產和有經濟價值的物品。它們還交換禮貌、娛樂、儀式、
> 軍事援助、女人、孩子、舞蹈與宴會；市場只是集市的一
> 項內容，財富的循環只是一更廣泛持久的契約的一部分。[6]

鬼節儀式作為社會的、宗教的目的在意義層面上算是完整的體
系：僧人能展示救厄扶危之悲心，孝子亦能獲取功德，民眾供養
僧眾使祖先離地獄之苦，得以超昇。在這相互利益交換循環中，

---

5 慧淨：《盂蘭盆經贊述》，《大正藏》第 85 冊，頁 542。
6 莫斯：《禮物：古代社會交換的形式與功能》。紐約：諾頓及科，1967，頁 3。

親族繁衍、榮耀、子孫滿堂、祖先壯大等，皆自然而生。因此，僧伽與家庭生活上形式，親族與僧團原則上相互補充而非對立，在家與出家各司其職，互不排斥，兩者重建社會和諧及幸福。

三、總　結

綜觀上述，鬼節的流行主要是與宗教連在一起才能廣泛流傳於世。鬼節以強調救濟眾生為主，例如：放焰口、普渡、搶孤等，或以供養食物之類作祭祀品。由此得知，節日是祖先慶祝的標誌，融合各階層民眾，這意味着鬼節經時間之變遷，其儀式帶有新生之意義，對社會、儀式及歷史均有深遠的影響。

在社會方面：節日聚會將各階層民眾拉攏在一起，融合社會之分化，這暗示社會之民間宗教蓬勃發展，體現出民間崇拜方式及思考形式均流於迷信及低俗。然而中國自身社會之階級、文化、宗教等性質差異甚大，也受到一定的限制。故此，我們多了解中國人之宗教生活 —— 神話、儀式、祖先崇拜等，才更容易理解中國文化。

在儀式方面：既然參與者來自不同階層、不同文化，包括家庭及寺院，可以說，節日是複雜多樣，同時，亦是複雜之整體。鬼節含有多重之象徵意義。它將各階層人士聚於一處，做同一的目的，表達出社會力量、價值觀的奇異混合體，並視節日為一種儀式，通過儀式或禮儀，自能理解社會之真實面貌。宗密《盂蘭盆經疏》有記載喪禮之儀式：

> 「儒則棺槨宅兆安墓留形，釋則念誦追齋，荐其去
> 識。……儒則內齋外定想其聲容，釋則設供講經資其業
> 報。」[7]

宗密勾出在鬼節中，儒、釋兩家之儀式，強調兩者為死去之祖先
作最後之致敬，並希望依此能為家庭帶來幸福。

鬼節的特點在於體現死者之矛盾性，清楚展示及反映亡者重
新歸入家庭之位置，其儀式的過程結構，有系統地結合在一起。

在歷史方面：鬼節多半是通過神話、儀式及社會之因素所影
響。唐代，這神話之主角目連以英雄及孝義來感動民眾，廣泛及
迅速為民間所接受。即使中世紀以後，佛教教團開始衰微，但佛
教之觀念仍活躍於社會生活之中。故此，鬼節從歷史過程中不斷
變化，成為更廣泛之典型意義，並有助影響中國社會及其文化，
象徵年曆重要嬗變，與制度型宗教的聯繫，節日與宗教關係更為
密切，甚或不可分割。

總的來說，唐代鬼節對家庭及宗教影響甚大，鬼節清楚明確
展示出作為家庭生活之另一種必需品，僧侶生活已融入各家庭，
使兩者間相互補充，成為家庭不可或缺之產品。僧侶捨棄在家生
活之束縛，卻為更多家庭創造福址。由此觀之，佛教透過此節日
逐漸自我轉化適應中國社會，也証明遁世者已成為中國民間及社
會之重要原素。

---

7 宗密：《大正新脩大藏經》第三十九冊 No. 1792《佛說盂蘭盆經疏》，2009，
　頁 0505c03(04)－0505c05(04)。

論印度佛教思想之背景

一、根本佛教

　　佛教創始人喬達摩・悉達多，因他屬於釋迦族，故其成佛後，人尊稱他為釋尊，簡稱釋迦。「佛」是梵語，即「佛陀」的簡稱，意譯為覺者，是指已覺悟宇宙人生真理之聖者。佛陀成道後本可入大涅槃，了斷生死輪迴，然而，他本著慈悲的襟懷，到處奔波，化度無數眾生。自他成道以來，弘法利生，共四十五年。有學者認為，從釋迦弘法至涅槃這一段時期「和合一味」，故稱根本佛教。

二、原始佛教

　　從釋迦圓寂後約一百年間，一般稱之為原始佛教，蓋此時教團生活仍能保持佛陀在世時之言行，並無思想上及戒律上之重大分歧，充份體現僧團六和敬[1]之精神。在修學上，僧侶仍能奉行佛

1　六和敬：即求菩提、修梵行之人須互相友愛、敬重之六種事；亦即大乘佛教所稱，菩薩與眾生有六種和同愛敬：(一)身和敬，指同禮拜等之身業和敬。(二)口和敬，指同讚詠等之口業和敬。(三)意和敬，指同信心等之意業和敬。(四)

陀之根本教義，即四諦（苦、集、滅，道）、八正道[2]、十二因緣[3]
和三法印[4]等。

　　在原始佛教時代，佛弟子各有風格，對佛陀的教理及戒律詮
釋互有異同，各有特色，有主張學說自由進取，有主張戒條有所
通融，有主張恪守教條，不許改動，也有取兩者之間，由於時空
之改變，由根本到枝末分裂，形成印度部派佛教之發展。

　　佛教與別不同之處，是以緣起學說為根本，故無論根本佛教

　　戒和敬，指同戒法之和敬。(五)見和敬，指同聖智之見解和敬。(六)利和敬，
　　指同衣食等之利益和敬。又作行和敬、學和敬，即指同修行之和敬。或又作
　　施和敬，即指同布施之行法和敬。
2　八者即：(一)正見，又作諦見。即見苦是苦，集是集，滅是滅，道是道，有
　　善惡業，有善惡業報，有此世彼世，有父母，世有真人往至善處，去善向善，
　　於此世彼世自覺自證成就。(二)正思惟，又作正志、正分別、正覺或諦念。
　　即謂無欲覺、恚覺及害覺。(三)正語，又作正言、諦語。即離妄言、兩舌、
　　惡口、綺語等。(四)正業，又作正行、諦行。即離殺生、不與取等。(五)正命，
　　又作諦受。即捨咒術等邪命，如法求衣服、飲食、床榻、湯藥等諸生活之具。
　　(六)正精進，又作正方便、正治、諦法、諦治。發願已生之惡法令斷，未生
　　之惡法令不起，未生之善法令生，已生之善法令增長滿具。即謂能求方便精
　　勤。(七)正念，又作諦意。即以自共相觀身、受、心、法等四者。(八)正定，
　　又作諦定。即離欲惡不善之法，成就初禪乃至四禪。(參見《佛光大辭典》「八
　　正道」，頁 280。)
3　參見《佛光大辭典》十二因緣：即無明、行、識、名色、六處、觸、受、愛、
　　取、有、生、老死，頁 339。
4　三法印：可作為佛教特徵之三種法門。即諸行無常、諸法無我、涅槃寂靜等三
　　項根本佛法。此三項義理可用以印證各種說法之是否正確，故稱三法印。小
　　乘經典若有此「無常、無我、涅槃」三法印印定其說，即是佛說，否則即是
　　魔說。此語未見於巴利語系經典。漢譯雜阿含經卷十則有類似之說法。(一)
　　諸行無常，又作一切行無常印、一切有為法無常印，略稱無常印。一切世間
　　有為諸法概皆無常，眾生不能了知，反於無常中執常想，故佛說無常以破眾
　　生之常執。(二)諸法無我，又作一切法無我印，略稱無我印。一切世間有為
　　無為諸法概皆無我，眾生不能了知，而於一切法強立主宰，故佛說無我以破
　　眾生之我執。(三)涅槃寂靜，又作涅槃寂滅印、寂滅涅槃印，略稱涅槃印。
　　一切眾生不知生死之苦，而起惑造業，流轉三界，故佛說涅槃之法，以出離
　　生死之苦，得寂滅涅槃。參見《佛光大辭典》，《俱舍論光記》卷 1，頁 571。

或原始佛教亦不離此思想而立根。佛教異於他宗，其獨特思想亦在此也。

三、部派佛教

　　佛陀入滅約百餘年，由於佛教流傳地區日廣，各地傳承系統有別，民族風土人情迥異，佛弟子對佛法義理、制度以至戒律上均意見分歧，因而分派愈來愈多，有主張積極進取之革新派－－大眾部，也有主張思想保守之傳統派 ── 上座部。至佛陀涅槃後約四百年間，先後分裂為二十部之多。有關上座部與大眾部分裂之原因有南、北傳佛教二說：

　　（1）據南傳佛教說法，引起分派的原因是由於僧眾對戒律之看法不同而發生爭執。當時有東部毗舍離雖跋耆族的跋闍子比丘，要求改變傳統的戒律，提倡十種新條目（稱十事）新說，乃指十事不合律制。佛陀入滅後百年，跋闍子主張「十事」可行，為合法（淨）；上座耶舍則以之不合律制，為非法。欲審查此十事之律制根據，遂召開第二次之結集，其結果，據各律典之記載，上座部一致認為十事不合律制規定。所謂「十事」即：1.角鹽淨，為供他日使用，聽任食鹽貯存於角器之中。2.二指淨，當日晷之影自日中推移至二指廣間，仍可攝食。3.他聚落淨，於一聚落食後，亦得更入他聚落攝食。4.住處淨，同一教區（界內）之比丘，得不必同在一處布薩。5.隨意淨，於眾議處決之時，雖然僧數未齊，仍得預想事後承諾而行羯磨。6.所習淨，隨順先例。7.生和合（不攢搖）淨，食足後，亦得飲用未經攪拌去脂之牛乳。8.飲闍

樓嶷淨，闍樓嶷係未發酵或半發酵之椰子汁，得取而飲之。9.無
緣坐具淨，縫製坐具，得不用貼邊，並大小隨意。10.金銀淨，得
接受金銀。[5]與西部主張嚴持戒律的耶舍長老，引發行持上的爭
議。耶舍比丘獲離婆多長老支持，邀七百位賢聖比丘參與結集，
並一致決議「十事非法」，因七百結集中多數是年長、德高望重的
僧人，故此派史稱「上座部」。而跋耆僧眾不同意此次裁決，另召
集萬人僧眾，由於結集人數眾多，故此派史稱「大眾部」。佛教史
上將這次分裂稱為「根本分裂」。

　　（2）又據北傳佛教之說，部派分裂主要在教理上有不同見
解。依《大毗婆沙論》和《異部宗輪論》所載：阿育王時代，大
眾部的大天認為僧團的發展應以自由，進步之方向走，並作偈語，
以宣揚其所倡之五項教義，其偈曰：「餘所引無知，猶豫他令入，
道因聲起故，是名真佛教。」[6]，此說一出為大天帶來了毀譽參半
之評價。

　　由於大天所倡之五事，上座部不表認同，彼此爭論不休，及
後在阿育王協調下展開了辯論，大天所代表的新進派獲勝。上座
部長老便離開雞園寺，往西北迦濕彌羅國，由此，僧團一分為二，
正式分裂為「大眾部」及「上座部」。由於《大毗婆沙論》所載大
天的資料，弘揚情況及其影響，並不詳細，故所得到的資料來看
是有部對「大天五事」的嚴厲批判。如果從思想的角度看，大天
的創說，為當時沉寂的思想界注入一股強心劑，使傳統佛教墨守
成規的框架打破，適應時代需求，發揚世尊出世的本懷。大天所

5　《大正新脩大藏經》第四十九冊　No. 2031《異部宗輪論》，頁 0015a24(00)－
　　0015a25(00)。
6　《大正藏》卷 49，頁 15 下－16 上。

倡之五事說，雖遭非議，然在當時有心人士的推波助瀾下，風雲
變色，形成一股革新的思潮。兩派分裂後，大眾部發展迅速，重
新制定有關戒律之典籍，倡人性本清淨之理念，遂成為日後大乘
佛教發展之基石。

　　上座部與大眾部根本分裂後，礙於師承不一，所闡釋之義理
有異，又戒律所見不同，加上各地不同之風土人情，僧團間之關
係和聯絡逐漸停止，各教派出現了因地制宜的發展局面。由於各
自發展論學、思想，故此派系日益增多，至佛陀入滅後一百至四
百年間「上座部」與「大眾部」終於再分裂為十八部或二十部，
史稱「枝末分裂」。

　　根據《異部宗輪論》記載：「佛入滅後約三百至四百年初，上
座部大大小小發生七次分裂，分成十一部。第一次分裂是由上座
部被視為最大派別之「說一切有部」主張「三世實有 [7]，法體恆
有[8]」，因勢力退減，隱於喜馬拉雅山，稱為「雪山部」。第二次分
裂從「說一切有部」再分出「犢子部」；後又因犢子部眾對詮釋「已
解脫更墮，墮由貪復還，獲安喜所樂，隨樂行至樂」一偈發生內
訌又分出「法上部」、「賢冑部」、「正量部」和「密林山部」四部
之多，史稱第三次分裂。第四次分裂也是從「說一切有部」而出
一分支「化地部」。第五次分裂又從「化地部」分出「法藏部」。
而第六及七次分裂大約於佛入滅後三百年末至四百年初，從「說

7　三世實有：說一切有部所立之教義。意指過去、現在、未來三世真實存在。
8　法體恆有：謂一切諸法之實體，於過去未三世恆常存在。部派佛教中說一切
　　有部主張「三世實有，法體恆有」，謂構成現象存在之諸要素與其關係，可
　　由三方面加以考察：法未起作用之位（即未來）、正在起之位（即現在）、
　　已作用之終位（即過去）；而主張現未三世之法體為實有、恆有。對於此
　　說，經量部認為「現在有體，過未無體」，即指法於現在位為實在，然於未
　　來位與過去位俱不實在。

一切有部」直接分出「飲光部」和「經量部」兩支派。而大眾部約於佛入滅後一百年中至二百年間，共衍出九部：第一次分裂。部份僧人對「世出世法，唯一假名，皆無實體」意見不合，分出「一說部」。又部份僧侶以「世間但有假名，出世間法則皆真實」而成一派；後又出一派名「雞胤部」，主張阿毗達磨才是佛陀的真實教法，經律是方便教法。第二、三次分裂，從「大眾部」分出兩支，一為「多聞部」、二為「說假部」。第四次分裂，是佛入滅後二百年、有大天僧侶倡「大天五事」，大眾部各眾贊成與反對者皆有擁護者，因而再出三支，名「制多山部」、「西山住部」、「北山住部」。詳見下表：

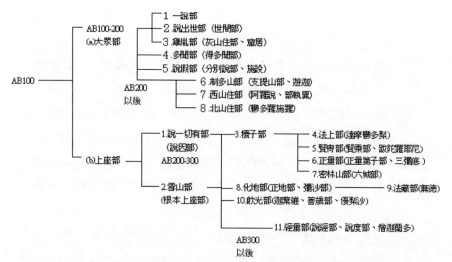

兩部各派自立門戶，分庭抗禮，各依教理、地名或始創者而立派名，然於「三法印」、「四聖諦」、「八正道」、「十二緣起」、「涅槃」等思想體系仍持共同之見，故「部派佛教」時期，雖有分裂，但無礙成就佛教思想之黃金發展期，可謂百家爭鳴，各有千秋，

寫下佛教史繽紛而燦爛之一頁。茲將二十部派分述如下：

1. 大眾部

（1）大眾部，音譯為摩訶僧祇部，又名莫訶僧祇尼迦耶，乃根本之大眾部，以大天為開山祖，與上座部並存之兩大部。此部主張佛身無漏、色身無邊、佛壽無量、視涅槃、生死皆為假名（現象），更認為人之心性本來清靜，受煩惱所擾而受染污，及以緣起觀立論，主張「現在有體，過未無體」，對立於上座部之「三世實有，法體恒有」之說。其特點為對佛陀觀念之理想化，對現實生活之人間化。然其所傳之法，有小乘三藏、《華嚴》、《涅槃》、《勝鬘》、《維摩》、《金光明》、《般若》等大乘經典。此部特重論藏，以精究正智，窮研深旨，作為斷煩惱、證菩提之要法。

（2）一說部，文殊問經中稱為「執一語言部」，主張「世出世法，皆無實體，但有假名」，故稱一說部，與大乘般若之「無相皆空」論相似。窺基及法藏稱其為「諸法但名宗」，屬分通大乘，以其謂諸法皆為假名，無體可得，異於本部，故別立一部。

（3）說出世部（出世部），又名出世間部、出世間言語部，主張世間法但有假名，出世間法則為真實。又認為世間法由顛倒而生煩惱，煩惱生業，業生果報，果報是苦；而出世間法則由道而生；道生之果為樂，即為涅槃。此派與說一切有部主張「三世實有」剛剛相反，世間之法，但有假名，都無實體，以出世為真實。窺基、法藏等特將其納為小乘之「俗妄真實宗」。

（4）雞胤部，又名灰山住部、窟居部、高拘梨訶部，主張「隨宜覆生，隨宜飲食，隨宜住處」，只求速斷煩惱。此派又主張「過未無體論」，於三藏中，以論為主，認為經律皆佛陀之方便言教，不加重視，於小乘六宗之中，納入「法無去來宗」。未幾，又從該

派分出「多聞部」。

（5）多聞部，部執異論稱為「得多聞部」，以所聞超過大眾部，故稱多聞，大博學之義，據《異部宗輪論述記》載，此部祖師名祀皮衣，昔為仙人，以樹皮作衣，以示祭天，出家後所聞佛法悉皆持誦。佛涅槃時，入禪定於雪山，至佛入滅後二百年頃，從雪山出定，往央崛多羅國尋找道友，聞大眾部只懂弘三藏淺義，故將佛陀深淺二法並弘，而別樹一部，故以多聞而立名。此部思想將佛之言教分為世、出世間二種：依《異部宗輪論》云：佛陀之無常，苦、空、無我、涅槃寂靜為出世教，蓋五者能令眾生出離生死六道，其餘之言教則為世間教[9]。

（6）說假部，又名施設論部、分別說部、分別部，主張「現在」之「法」，為現實世界一面為假，一面為真，而演變成《大乘起信論》真妄兩面之大乘世界觀。窺基《唯識述記》說：「今說假部，說有分識，恆體不斷，周遍三界，為三有因。」[10]如此，有分識亦有蘊藏阿賴耶識之大乘思想。

（7）制多山部、（8）西山住部、（9）北山住部等三部本宗同義，因重論大天五事而分裂，大眾部中住於制多山者，故稱制多山部，遷於山之西者，教稱西山住部（此部教理與眾部所見略同）。居於山之北者，教稱北山部，該部之宗義，較接近於制多山部。

以上大眾部本末合共九部。

2. **根本部**

根本上座部分裂後，至喜馬拉雅山一帶，佛滅後三百年間，

9　《新脩大正藏》，第四十九冊　No. 2031，頁 0016a12(04)－0016a13(00)。
10　《大正藏》，31 冊，頁 15 上。

復出本末合共十一部[11]：

（1）雪山部，又名本上座、先上座部、上座弟子部，即原來之上座部，因遷居雪山而得名。此部宗義，多與一切有部相反，卻與大眾部較接近，其採納大天五事為一證，又主張無「中有」說，又為一證。然一切有部則主張有情眾生在欲、色界中，必有「中有」。故此部被列入大眾部之末派。

（2）說一切有部，略稱有部、有部宗、有宗，又稱說因部。本部創始者為迦多衍尼子，據《異部宗輪論》、《三論玄義》等載，佛滅後，迦多衍尼子專弘阿毘曇，與弘經部之上座弟子對立，導致分裂。此部主張有為、無為一切法皆有實體及「法體恒有」，即「法一切有」，以五位（色法、心法、心所有法、心不相應行法、無為法）七十五法分別諸法之種類，認為色法，心法、心所有法、心不相應行法等四者皆屬有生滅變化之有為法；而擇滅無為（涅槃）、非擇滅無為及虛空無為則為超越時空、無生滅變化之無為法，有為法與無為法均有實體。又主張佛之三身定為有漏，且佛之說法中有無記語，唯以八正道為正法輪之體，反對佛身有量、數、因之三無邊，謂出現於伽耶之身，化緣盡時，則永入寂滅。復謂菩薩滿三祇百劫，漸至忍位，一剎那之心能知四諦，但僅能知其總相，而不知其差別相。此外又主張初果無退、後三果有退，謂阿羅漢亦有「退」之義，及反對心性本淨等。

(3)犢子部，又名可住弟子部、皤雌子部[12]，主張以本體論為

---

11 上座部雖稱十一部，卻有十二部之名目。

12 有關此部之分派，諸說不同。依異部宗輪論載，此部係於佛陀入滅後三百年，自說一切有部所分出者；舍利弗問經及南傳島史等，則謂於上座部分出。又南傳佛教謂其分裂年代在佛陀入滅後二百年中。其部名與部主，三論玄義舉真諦三藏之說，謂有名為「可住」之古仙人，其後裔有可住子阿羅漢者，今

核心，立「非即非離蘊我」（有常一主宰之義之我，確為存在，然於五蘊和合之肉體，非離亦非不離，執著在非即非離蘊關係之我見也。），破斥凡夫之「即蘊我」（主張我與五蘊二者是真實有，成為全無差別的一體性而不可分。）及外道之「離蘊我」（凡夫以五蘊為我）。又其教義將一切事物分為過去、現在、未來、無為、不可說五藏，視為實有，特別主張，「我」為不可說，實則承認有生死輪迴之主體[13]。爾後，此部又因一偈：「已解脫更墮，墮由貪復還，獲安喜所樂，隨樂行至樂。」[14]之詮釋有異再分出「法上」、「賢冑」、「正量」、「密林山」等四部。

（4）法上部，又名達摩鬱多梨部、法勝部，法上乃部主之名，取其「法是可尊敬」之意，即法係世間眾人之上者。依《異部宗輪論》載，佛滅後三百年由犢子部分出，教義基本與犢子部略同，唯一偈之義所執不同而分出此一部。

（5）正量部，又名聖正量部，正量弟子部等。佛入滅後三百年從犢子部分出，主張以刊定甚深法義，了無邪謬，故為之正，

此部為其弟子所倡，故稱可住子弟子部。異部宗輪論述記則別出有關犢子名稱之傳說，以前說為非；謂上古有一仙人，貪欲莫遏，染母牛而生子，自後仙種皆言犢子，為婆羅門之一姓。佛世時有犢子外道，歸佛出家，其後門徒相傳不絕，分部之後，即稱犢子部。又俱舍論光記卷三十亦以此部主為佛世時犢子外道之黨徒。蓋可住子、犢子兩者之譯語相異，係由於梵音不同所致，其長音言「可住」，短音則云「犢」；若據稱友之梵文俱舍論疏、翻譯名義大集等所載此部之梵名，則「可住」之譯語為謬誤，犢子始為正確譯名。另據日本學者赤沼智善研究，此部諸師為十六大國中筏蹉國（梵 Vatsa）之比丘，故此部之梵名作 Vats（意謂筏蹉之弟子）；又此部之巴利名 Vajji-uttaka，或係由 Vatsa 與第二次經典結集時之跋耆（巴 Vajji）混同而成者。依真諦之說，此部屬於舍利弗之法系，謂舍利弗作阿毘曇論，其弟子大弘其說。參閱《佛光大辭典》「小乘二十部」928、「印度佛教」2215，頁 6667。

13　歷來多有破斥補特伽羅實有說者，貶為依附佛法之外道，然後世佛教發達，大乘教義立如來藏者，與此補特伽羅思想不無關係。

14　《大正藏》49 冊，頁 16 下。

以其刊定是非故謂之量，此部以其法義而得名。正量部與犢子部之教義十分接近，兩者之共同特色是生滅論，皆主張事物之生滅有主、客二因，主因是生、住、異、滅四相中之生和滅相，客因指各種因緣。事物之生時，須具備主、客二因，滅時則不同，如心、心所，僅有主因，不相應行法及色等則須主客二因。滅須有客因，蓋諸行有暫住，或剎那滅故。[15]故此，從西方哲學之角度，正量部似屬於「現實的實證論」或「經驗論」者。

（6）賢冑部，又名賢乘部、賢部，由名叫賢之阿羅漢後裔而得名，除解釋「已解脫更墮，墮由貪復還，獲安喜所樂，隨樂行至樂」[16]一偈分歧外，餘義與犢子部相同。

（7）密山林部，又名密林住部、密山住部、湊山部、六城部，以住處為部名。《異部宗輪論述記》載：「密林山者，近山林木蓊鬱繁密，部主居此名密林山，從所居為名也。文殊問經名湊山部。」[17]其教義與犢子部略同，主張退法、思法、護法、安住、堪達、不動等六種無學。分派之因，仍是由一偈之闡釋之差異而起。

（8）化地部，又名正地部、教地部、不可棄部、彌沙部，佛入滅後三百年，有婆羅門名化地，得阿羅漢果，弟子相承，名化地部。由上座部系統之「說一切有部」分出，據《異部宗輪論述記》：

> 此部之主，本是國王，王所統攝國界地也，化地上之人庶，故言化地。捨國出家，弘宣佛法，從本為名，名化地部。[18]

15　《俱舍光記》卷13，《大藏經》41冊，頁201下下—202中。
16　《大正藏》49冊，頁16下。
17　《卍續藏》83冊，頁220上。
18　《卍續藏》83冊，頁220上。

又真請法師云：

> 「正地部本是王師，匡正土境，捨而弘法，故言正地。」[19]

又《出三藏記集》卷三載：

> 「佛諸弟子，受持十二部經，不做地相、水、火、風相、
> 虛空、識相，是故名為彌沙塞部。」[20]

此部思想，本宗同義者，頗類於大眾部，末宗異義者，則繼承一
切有部。

　　此部主張「佛與二乘，皆同一道，同一解脫」說，《異部宗輪
論》以彰真智本體實無差別，又主張：「僧中有佛，故施僧者，便
獲大果，非別施佛。」之大乘先驅思想。[21]

　　（9）法藏部，又名法護部、法密部、法正部、法鏡部，其部
主名為法藏，又「藏」有含容藏持正法之意，故稱法藏部，部主
是目犍連弟子。

　　佛入滅後三百年中，法藏部由化地部分出，主張立五藏、四
相等說。五藏是經、律、論、咒、菩薩；四相是生、住、異、滅。
其宗義有四：（一）認為佛與二氏之解脫雖為同一，而聖道則不同。
（二）外道只能得五通。（三）阿羅漢身皆是無漏。（四）佛重於
僧團，故建佛塔可得大果報。此部特別重視咒藏、菩薩藏，故有
大乘密教之先導地位。

　　（10）飲光部，又名飲光，即葉波，善歲部、飲光弟子部，

19　《卍續藏》83 冊，頁 220 上。
20　《大正藏》55 冊，頁 21 上。
21　《大正藏》卷 49，頁 17 上。

依部主之姓而立部名。此派之祖為迦葉波，為古代飲光先人後代，故以飲光為姓。相傳，有仙人能飲諸光，身發光明，故稱飲克仙人。佛滅後三百年來，從「說一切有部」分出，其教義類於有部及法藏部，主張一切諸行剎那間滅，過去有體，即業果未熟，煩惱未斷；過去無體，即業果已熟，煩惱已斷。所得之解脫戒經廣律，尚未得入中土。

（11）經量部，又名說度部、說轉部、說經部、經部，其開創者為鳩摩羅馱是三世紀末之北印咀叉始羅國人，著有《以喻鬘論》、《癡鬘論》、《顯了論》等。此派重經多於論，並視正量為經，故稱經量部。此部由有部分出，受大眾部的思想影響，批判有部，主張四大與心為實在，並相輔相成令個體生命生生不息，又建立心物二元論，否定有部所主張之萬有實有說。又認為現在為實在，過去又屬曾經實在，未來則到未來才得實在者，而現在不存在只有種子而已，成為後世唯識學說之根據。例如色、心互薰種子說，以「種子曾當而說之世」又如「細意識」[22]說，以「滅定細心不滅」、「執無想定細心不滅」皆蘊藏著第八阿賴耶識之意味，依此剖之「真實我」，即「法我」之執，仍屬小乘，可視為大乘「真常唯心」之思想先驅。

四、大乘佛教

佛教滅後約五百年至公元一世紀，當時部派佛教著重於學術

22　《大正藏》卷30，頁579上至584下。

研究，與民眾的接觸逐漸減少，加上部派佛教的思想過於保守，
未能與時並進，致令僧團運作日漸僵化，此其一。佛像的崇拜及
佛陀的本生故事，共同闡揚於各部派間，其菩薩思想所說的「本
生」、「譬諭」就包含在「十二分教[23]」中，其中「授記」與「方
廣」與大乘甚有關連，此說早在部派以前已萌芽，且各部均有傳
承，此其二。佛弟子崇拜及護持佛塔，這種熱心的行為，致令大
乘種子流播成長，靜谷正雄：「從佛塔教團的本來性格發展出在家
屬性、信仰上的性格，可說與初期大乘佛教關係最為密切。」[24]此
其三。由此三種因緣，大乘義理得以開展。其時，大乘典籍開始
流行於世，繼有《法華經》、《維摩經》、《華嚴經》、《無量壽經》……
流行，致使大乘中觀、瑜珈、如來藏、密乘等思想逐漸流行，四
派的思想，略陳於下：

（一）中觀思想

西元一、二世紀間，印度大乘始盛，大乘經典相繼出現，時

---

23 乃佛陀所說法，依其敘述形式與內容分成之十二種類。又作十二分教、十二
　分聖教、十二分經。即：(一)契經，又作長行。以散文直接記載佛陀之教說，
　即一般所說之經。(二)應頌，與契經相應，即以偈頌重覆闡釋契經所說之教
　法，故亦稱重頌。(三)記別，又作授記。本為教義之解說，後來特指佛陀對
　眾弟子之未來所作之證言。(四)諷頌，又作孤起。全部皆以偈頌來記載佛陀
　之教說。與應頌不同者，應頌是重述長行文中之義，此則以頌文頌出教義，
　故稱孤起。(五)自說，佛陀未待他人問法，而自行開示教說。(六)因緣，記
　載佛說法教化之因緣，如諸經之序品。(七)譬喻，以譬喻宣說法義。(八)本
　事，載本生譚以外之佛陀與弟子前生之行誼。　(九)本生，載佛陀前生修行
　之種種大悲行。(十)方廣，宣說廣大深奧之教義。(十一)希法，又作未曾有
　法。載佛陀及諸弟子希有之事。(十二)論議，載佛論議抉擇諸法體性，分別
　明了其義。〔參見《佛光大辭典》原始佛教聖典之集成第八章（印順），頁
　344。〕
24 印順：《初期大乘佛教之起源與開展》。台北：正聞出版社，1986，頁571。

有菩薩名龍樹，依般若經和緣起法，倡弘「八不中道」、「無自性」之大乘空義，並造《中論》、《大智度論》、《十二門論》等，高舉法幢，破邪顯正，回到佛教的緣起法思想上[25]。故印度佛教發展至西元三、四紀間，以此為主流。及後，門人提婆更著《百論》、《四百論》、《百字論》，又羅睺羅跋陀羅注釋「八不」，繼而芨多王朝之初期有青目撰《中論本頌》注釋本等，學派遂成。

　　西元四、五世紀間，此派一分為二，前者以佛護為代表的「具緣派」，強調緣起諸法畢竟空，後者以清辨為代表的自俗諦門觀緣起法皆無自性、不可得、若從真諦門看則一切法皆有常住之本性存在說。及後，中觀宗思想傳入西藏，對藏傳佛教發展有深遠的影響。在中國，中觀宗思想對三論宗、天台宗、禪宗影響甚大。

（二）瑜伽行派

　　瑜伽行派興於四至五世紀之間，即佛入滅後約九百年，理論奠基者是無著、世親兩兄弟。此派認為眾生之一切現象，由心識之種子變現，故有「三界唯心」、「萬法唯識」之說，故又稱「唯識宗」。論師依此真空妙有破斥執空之流派，獨幟大乘「有」義。

　　瑜伽行派以彌勒為開山祖師，主要以般若空性為思想之本派，採瑜伽為實踐之方法，建立萬有之存在而不離心識之變現。無著造《攝大乘論》、《顯揚聖教論》、《大乘阿毗達磨集論》、《順中論》……，確立瑜伽唯識中之阿賴耶緣起等思想體系。直至西元五世紀初，世親聽從兄長無著勸告，回小向大，廣釋造論、包括《百法門明門論》、《大乘五蘊論》、《唯識二十頌》、《攝大乘論

25　《龍樹菩薩傳》，《大正藏》50 冊，頁 184 上－185 中。

釋》、《佛性論》以明唯識「無心外之境」之理論思想體系。晚年，
世親代表作則有《唯識三十頌》，成為西元六世紀間印度佛教之主
流。中觀與瑜伽為當時大乘佛教的思想新路向，被喻為鳥之雙翼、
車之兩輪，其思想波瀾壯闊，有如日月爭輝！

（三）如來藏思想

　　如來藏，指一切眾生之煩惱身中，含藏如來清淨之法身。雖
為煩惱所遮，卻不為煩惱所污染。《佛性論》卷二〈藏品〉謂「藏」
有三義：一、藏，一切眾生悉攝如來之智內。二、藏，如來法身
無論因位、果位，俱不改變；然眾生為煩惱所覆，故不得見。三、
藏，如來果德悉攝於凡夫心中。如來藏的思想，約興於三世紀，
四、五世紀盛行於世，是大乘佛教重大的發展的里程碑。如來藏
的相關經典有《（北本）大般涅槃經》、《楞伽阿跋多羅寶經》、《大
乘密嚴經》、《大乘起信論》、《佛性論》、《勝鬘經》等。經論中常
以該思想闡明人之迷、悟對立意義。《勝鬘經‧法身章》：「如來法
身不離煩惱藏，名如來藏。」[26]大方等如來藏經亦列舉蓮花內有
化佛、淳蜜在巖樹中、真金墮於不淨處、弊物裹金像、賤女懷貴
子等九喻，詳加解說其義。

（四）密乘佛教

　　密宗是佛教在印度流行的最後一個時期，佛在世時，初禁弟
子持誦密咒，唯婆羅門教徒轉皈依佛教者眾，為攝化外道、於儀
式上有所調和，加上教團日益強大，至部派佛教時期，明咒及陀

羅尼咒興起，到大乘佛教出現時，更湧現了大量與陀羅尼有關之經典。密乘佛教在發展之過程中，密咒演化成消災解難，驅除邪魔的角色，其後更成為修習止觀必須持誦之真言。

　　公元五、六世紀時，密乘佛教，尊龍樹菩薩為初祖，其修行體系及宗教思想已具規模，以「三密相應，即身成佛」為目標，主要經典有《大日經》、《金剛經》，從唐回日本之空海（弘法大師）所創之日本真言宗，就屬此系統。約在公元六、七世紀以後，大乘佛教開始密化。八世紀初，密教在印度佛教中已取得主導地位，如義淨三藏於那爛陀寺屢次陞壇說法。又唐代密宗三大家之善無畏、金剛智、不空三位大師來華傳密，寂護、蓮生相繼入藏傳密，對後來之西藏佛教影響深遠。八世紀後半葉，波羅王朝第四代國王達摩羅建超戒寺，師子賢、智足於此弘密，成為密教重要之道場，人才輩出，此後西南印度、南印度等一帶弘密者眾。

　　從十世紀末，印度不斷受外來者侵略，佛教聖地遭受破壞十二世紀末至十三世紀初，隨著回教入侵印度，超戒寺和那爛陀寺被燒毀，佛教在印度國境煙消雲散，密教佔領佛教優勢時代亦告終結。茲列佛教在印度的發展及相關事項表[27]如下：

27　釋衍空主編：《正覺的道路》下卷。香港：佛教聯合會，2004，頁48－49。

佛教在印度的發展及相關事項		
（公元前）	印度佛教發展階段	同期相關事項
前六世紀至前五世紀	原始佛教	・釋迦牟尼佛示現於印度 ・老子、孔子於春秋戰國期間授徒講學
前四世紀	部派佛教	・上座部與大眾部開始分裂
前三世紀		・阿育王皈依三寶並立佛為國教 ・佛教開始由印度傳入斯里蘭卡 ・現在流行的巴利文三藏經典，大約於此時定稿
前二世紀至前一世紀	大乘佛教開始發展	・大乘思想開始萌芽並流行於南印度 ・般若系列及其他大乘經典陸續出現
（公元）		
一世紀	中觀思想、 如來藏思想、 瑜伽行派和繼出現 密乘佛教開始發展	・佛教約於公元一世紀後由印度傳入中國，時值漢朝 ・耶穌出現於世 ・攝摩騰及竺法蘭於漢明帝在位時從印度攜《四十二章經》及佛像到中國，並開始翻譯佛的工作
二世紀至四世紀		・龍樹菩薩開創中觀派 ・無著菩薩及世親菩薩開創瑜伽行派 ・鳩摩羅什法師將大量佛經翻譯成漢語
五世紀	如來藏思想盛行	・佛教最著名的學府那爛陀大學於印度成立 ・如來藏思想約在三世紀開始發展，至四、五世紀中盛行；其有關經典如《涅槃經》、《勝鬘經》等相繼出現 ・比丘尼的出家儀軌與法脈，於魏晉南北朝傳入中國
六世紀		・禪宗初祖菩提達摩從印度抵中國 ・中國佛學自隋朝開始踏入黃金期，此明天台宗、華嚴宗、淨土宗及禪宗一起盛行 ・伊斯蘭教的穆罕默德出現於世
七世紀		・唐玄奘法師往印度求法
八世紀	密乘佛教盛行	・密乘佛教於四世紀開始發展，並盛行於八至九世紀間
十世紀		・中國在宋朝印刷了第一套《漢文大藏經》
十一世紀至十三世紀	佛教於印度衰落	・伊斯蘭教的勢力於十一世紀初入侵印度，加上印度的密乘佛教內部紛爭不斷，自第十三世紀初，印度佛教衰落了六百多年 ・密乘佛教於七世紀曾傳至西藏，於十一世紀前後再次傳入並發展起來
十九世紀至二十世紀	今日的印度佛教	・十九世紀末，佛教於印度出了復興運動

論佛陀降生前的印度文化
及宗教哲學之背景

一、印度文化之背景及發展

　　佛教源自印度，自漢末傳入我國，並在中土不斷地繁衍、發展、演化，延綿不絕，已成為中土文化不可或缺之一部分，為了解佛教，故實有必要說明佛教以前之印度，何況宗教之成長，必有其背後之文化。

　　佛教產生於公元前 6 至 5 世紀的古印度，其時經濟發達，社會變化迅速，工、農業均採用較新的生產技術，分工精細，農作物多元化，種植水稻、棉花、豆類……品種繁多；手工業如冶金、紡織、製陶、製草、木材、象牙、寶石……加工製品，應有盡有，內銷與外貿商品買賣活躍。商隊從水、陸路打通對外交往，東到緬甸，西和西北抵阿拉伯、波斯，南至斯里蘭卡，所輸出之物有紡織、香料、藥材、金銀加工等產品，而輸入之物有金銀、寶石、珊瑚、金剛石等產品，貿易貨幣有金、銀、銅三種。

由於商業和手工業之興盛，吠陀[1]信徒的聚居地由簡陋村落至有規模的大聚落，再由大聚落演變為圍牆城邦。印度上古文化以吠陀經典為依據，亦即婆羅門教文化中心思想。《吠陀》經典有四種：（1）梨俱吠陀、（2）夜柔吠陀、（3）娑摩吠陀、（4）阿闥婆吠陀。與中國古代文化之卜巫祭祀的宗教儀式相似。

「四吠陀[2]」以梨俱吠陀編纂最早，故其內含有古印度文化之開發者雅利安人尚未南進印度之時代所成之讚歌。梨俱吠陀之後，為夜柔、娑摩二部之編成，而阿闥婆吠陀之成書時代則與以上三部吠陀遙隔甚久。故摩奴法典中僅舉出三吠陀之名，據該書第一章第二十三節記載，謂創造神從火而得梨俱吠陀，從虛空而得夜柔吠陀，從太陽而得娑摩吠陀等。四部吠陀大致可區別為讚誦（梵 sajhitā）與實際儀式作法（梵 brāhmana）兩大部分，前者多用以供養或歌頌火焰、太陽、大氣、虛空、風等神格化之自

---

1 梵名 Veda，巴利名同。又作吠馱、韋陀、圍陀、毘陀、薜陀、鞞陀、比陀、皮陀。意譯智、明、明智、明解、分。古印度婆羅門教根本聖典之總稱。原義為知識，即婆羅門教基本文獻之神聖知識寶庫。為與祭祀儀式有密切關聯之宗教文獻。

2 此四吠陀並非首尾一貫之四部作品；廣義之吠陀計包括下列四部分：（一）集錄讚歌、咒句，與祭詞之本集（梵 Sajhitā）。（二）詳說由來、意義、用法等散文部分之梵書（梵 Brāhmana）。（三）彙集森林中讀誦傳授極祕密之祕法、祕義之森林書（梵 Āranyaka）。（四）主張宇宙萬象之根源以「梵（梵 Brahman）、我（梵 ātman）一如」為根本原理，此即吠陀時期哲學思想最高潮之哲學名著奧義書（梵 U 頁 anisad），或稱吠檀多（梵 Vedānta，意即吠陀之終極）。於四吠陀中，沙摩吠陀包含歌詞集（梵 ārcika）與歌曲集（梵 gāna）。前者之歌詞多半為梨俱吠陀之重覆，缺乏獨立價值。後者為伴同樂譜之歌曲集，含有抑揚、旋律、歌詠等母音變化之輻輳。夜柔吠陀則為規定從準備祭祀起，至終了為止等實際行法之儀軌，分黑夜柔、白夜柔兩種。前者咒文與解說不分，即合糅本文與梵書而成；後者咒文與解說分開，文句較短，雖乏文學價值，然卻為了解印度社會狀態之重要資料。〔參見《佛光大辭典》，「吠陀」2820），頁 1695。〕

然現象，內容係有關祈求健康、財富、長壽、家畜、子孫、勝利、滅罪等之祈禱文。以此類讚誦多屬對神德之讚歎，且多由感念沐浴神之恩寵而自然湧現的祈願之詞，故又稱讚歌（梵 mantra）。作法方面則揭示祭典典例、供犧之由來、讚歌之用法等有關儀式作法之解說。蓋四部吠陀向來皆被視為天啟（梵 śruti）文學，婆羅門教徒視為神之啟示，而非出自於人類之思惟創作，編纂者僅為神意傳述至人間之導體而已，故「吠陀」於婆羅門教傳統中，一向具有絕對之權威性與恆久性。四吠陀自古僅可由婆羅門以口誦代代相傳，而嚴禁形之於筆墨紙張；且於印度社會四種姓之中，僅准許前三階級諷誦，而絕對禁止最下種姓（即奴隸階級）之首陀羅學習。[3]

二、雅利安人入侵印度

在西元前 2000 年前後一千年間，據史學家研究，當時印度城市以哈拉帕及牟桓鳩達羅較為著名，並擁有青銅器文明，宗教物品，都市井然有序，但不知何故，這文明民族卻突然消失得無影無蹤。在雅利安人入侵印度之前，達羅維荼與雅利安人混血而成為印度人，形成一種新的文化形態。約在西元前 1200 年，雅利安人在印度河上游的旁遮普定居，先後成立了《四吠陀》。詳見下表：

3　參見《佛光大辭典》，「吠陀」2820），頁 1695。

四吠陀				
吠陀名稱	梨俱吠陀 Rig-Veda	夜柔吠陀 Yajur-Veda	娑摩吠陀 Sama-Veda	阿闥婆吠陀 Arharva-Veda
意　譯	贊　誦	祭　祀	歌　咏	祈　禳
年　期	約西元前 1200 年	約西元前 1000 年	約西元前 1000 年	約西元前 1000 年
功　能	招請諸神降臨祭場並讚唱諸神之威德者，屬作燒施。	祭祀時配合一定旋律而歌唱者，屬詠唱。	唱誦祭詞，擔當祭儀、齋供等祭式實務者，屬供犧祭官。	於祭儀之始，具足息災、增益本領，並總兼全盤祭式者，屬總監祭式祭官。
卷集數量	10 卷	2 集	2 卷	20 卷
首頌數量	1028 首 10552 頌	上下兩冊	1549 頌	730 首

《吠陀》的《讚頌》作為宗教之核心，供奉多神，崇拜天地，主要以日月風雷雨，以及山川庶物等的自然現象及力量作為歌咏，可見其所崇拜是泛神論者。

雅利安人最初以農耕畜牧為生，隨著工商業日漸發達，職業開始分工，四姓之別亦隨此而確立。四姓是指古代印度四種社會階級：(一)婆羅門（梵 brāhmana），譯作淨行、承習。又作梵志、梵種、梵志種、婆羅門種。乃指婆羅門教僧侶及學者之司祭階級，為四姓中之最上位。學習並傳授吠陀經典，掌理祈禱、祭祀，為神與人間之媒介。(二)剎帝利（梵 ksatriya），譯作田主。又作剎利麗、剎利種。乃王族及士族之階級，故又稱王種。掌管政治及軍事，為四姓中之第二位，然於佛典中，則多以其為第一位。(三)

吠舍（梵 vaiśya），譯作居士、商賈、田家。又作毘舍、鞞舍、工師種、居士種。乃從事農、工、商等平民階級，為四姓中之第三位。(四)首陀羅（梵 śūdra），譯作農。又作輸陀羅、戌達羅、戌陀羅、首陀、惡種、殺生種。乃指最下位之奴隸階級，終身以侍奉前述三種姓為其本務。又前三種姓有念誦吠陀及祭祀之權，死後得再投生於世，稱為再生族。反之，首陀羅既無權誦經、祭祀，亦不得投生轉世，故稱一生族。[4]

　　婆羅門立教以「吠陀天啓」、「祭祀萬能」、「婆羅門至上」；其身份高高在上，主張種族分為四等，在社會上各司其職，企圖將社會族群制度化、規範化，其中婆羅門所執掌之宗教文化擁有特權地位。至公元前 8 世紀左右，婆羅門的地位受到社會部份人的猛烈批評，與此同時，民眾對傳統的祭祀功能產生懷疑和不滿，教內部份信徒逐漸分化，甚至有民族公開否認梵天的存在，至此，傳統的婆羅門信仰已不能滿足時人之思想要求。

三、《淨行書》的出現

　　由於時代進步，民眾見識增廣，思考漸次深入，故吠陀的哲理已不能普遍迎合民眾的信仰，於是《淨行書》此時開始流行，雖然書中大部份仍上承《讚頌》的祭祀歌咏、消災求福等內容，但從宗教方面而論，他已從原人論加以改良，成為一個梵我不二[5]

4　參見《佛光大辭典》「雅利安人」5322、「種姓制度」5867，頁 1705。

5　即宇宙根本原理之梵（梵 Brahman）與個人本體之我（梵 ātman）同一不異之思想。據此根本原理，一切萬物依一定順序發生，人類乃至一切生物之靈魂從其業力而有各種形式之輪迴。從此輪迴中求解脫，即是人生最高目的，而由於覺悟梵我一如之根本真理，消滅業力，即能免再生之痛苦。(參閱《佛光大辭典》「梵」4626，頁 4633。)

的造物主。「梵」在婆羅門教中是表示絕對清淨、至真、無染，即
人性我與梵我不二，與中國儒家的天人合一思想甚為相似，即神
我合體之意義。《淨行書》建立的婆羅門教雖仍不離吠陀的影子
── 崇拜自然、敬奉神鬼等，但他創立的「梵我合一」、「梵我不
二」之哲思，成為印度哲學思想中的根本。此外，它與婆羅門教
之明顯相異之處，就是加入了因果報應的原素，明確指出眾生流
轉生死之因乃其宿世之善惡種子所形成，故言人死後有上天堂下
地獄之因果報應之說，其來源於此。

四、《奧義書》之面世

梵名 Upanisad，音譯作優波尼沙土，為古印度之哲學書，以
梵文書寫，為師徒對坐密傳教義之書籍，故稱奧義書。此書記述
古印度哲學之原本思想及對吠陀之讚頌，其後用以說明法與儀式
為目的，阿蘭若迦是「梵」的其中一章，其說幽微，奧義書就是
闡述此章的含意。本章特重形式與神學方面，故取森林遁世者所
讀誦之義而名之為森林書，而奧義書純屬哲學，與此有別。其以
闡釋吠陀終極末期之哲學思想為旨，繼續為吠陀發揮新見地，成
為後代各派哲學之根源。今之傳本多達二百餘種，主要者有十數
種，總稱古代奧義書，完成於紀元前八百年至紀元前六百年。此
後十數世紀，仍有陸續增添之作，稱為新奧義書，以文體為別，
可分古散文、散文、新散文三種。自古被視為天啟文學（梵 Śruti），
為印度正統婆羅門思想淵源，亦為後世哲學、宗教思想之典據、
根幹。書中各篇並非由同一作者，將統一之思想，以一定之形式

敘述，而係歷經悠長年月編集完成，故摻雜各種新舊思想，且缺
乏中心主體與統一性。其實際編纂者無疑為歷代之婆羅門者。此
外，亦可說奧義書之出現，乃象徵吠陀祭祀萬能主義之反動思想，
亦促成佛教興起之契機。

　　奧義書之思想，以大宇宙本體之「梵」，與個人本質之「我」
為一體，乃宇宙萬有之根本原理，此即「梵我一如」思想，亦為
觀念論之一元哲學。順此根本原理，萬事萬物之發生必有其一定
之順序。人類生命即因「業」之故，而於輪迴之道中往返，將人
類之行為，以善惡果報之道德要求為基礎，而展開輪迴轉生之思
想。[6]

　　最早的奧義書約於公元前十至五世紀之間，是婆羅門教的經
典之一。今之傳本多達二百餘種，主要者有十數種，總稱古代奧
義書。它的形式實際上是哲學之對話錄，其書廣集諸家先哲達百
餘人，其中唯物論者以鄔達羅迦為代表，唯心唯物哲思之總泉源。

　　《奧義書》繼《淨行書》而興起，成為印度婆羅門教的寶典。
其時，印度人對宗教探討心靈上、解脫上的熱情已一發不可收拾，
大家爭相研究生死之謎，成為人們生前的安慰，死後的寄託。奧
義書闡明了「梵我同一」說，其形而上的造物主，抑或形而下的
個體，造物主和個體是同一個整體，與森羅萬象同根而生。這同
大我同小我有體相之別，大我能宏觀世界，小我則微觀宇宙，大
我是體，小我是相，相因體現，體能生相，故其關係密切，就像

6　P Deussen：Allgemeine Geschichte der philoso 頁 hie; H. Oldenberg：Die Lehre
　　der Upanishaden und die Anfänge des Buddhismus〕(參見《佛光大辭典》，「奧
　　義書」，頁 5439。)

蜘蛛與網，網非蜘蛛，但由蜘蛛而出；又譬如火與火花，火花與火為異，但火花不離於火，無火則無火花，故小我不離大我，蓋小我源於大我，故二者同出一轍，不可分割。此觀念論思想說明一切現象界皆為虛妄，獨梵是唯一之實在，並以梵、我代表心與物之兩面，而生成宇宙萬物。古代印度哲學中，由此一思想，漸而產生有神論諸派系，經過後期奧義書，其哲學思想發展更形複雜，因此印度哲學諸派之產生愈加分歧繁雜。本書譯本極多，最古者為波斯譯本，其後有拉丁譯、德譯、英譯、中譯、日譯本等。

　　婆羅門教最終目的是要信眾通過《奧義書》禪定與苦行來認識梵我一如之真理，即可解脫生死輪迴之束縛，而到達常住不滅之梵界（梵 Brahma-loka），此即人生最高目的，抑制感覺的表象活動，從而脫離煩惱，悟證梵淨，進入梵我合一的不二境界。這標誌著一種新的哲思從「祭祀萬能」的框架突圍而出，為當世思想文化提供了新的出路。

五、六師哲學

　　佛教源於西元前 5 世紀的印度，創始人喬達摩（Gotama）生於西元前約 500 年，這時期思想正處於轉換期，也是佛教能在印度順利產生之因由。當時印度奴隸制度急劇發展，社會經濟不平衡。此時，各國互相征伐，階級進入尖銳矛盾。婆羅門階級的權威日漸崩潰，對崇拜自然力量的宗教產生了懷疑態度，「吠陀」逐漸失去吸引信徒的魅力，取之而來的新思維就是沙門行乞過著禁欲的生活，從而體會真理。這種沙門思潮，依《沙門果經》等佛

典記戴，當時除佛教外就有六大流派，稱之為「六師外道」，其外道見解更有多達六十二種，可謂百家爭鳴。何為六師？六師者，即（1）阿耆多‧翅舍欽婆羅（Ajita Kesakambalin）、（2）尼乾陀‧若提子弟兵 Nigantha）、（3）富樓那‧迦葉（Kassapa）、（4）波浮陀‧迦旃那（Krakuda）、（5）末迦梨‧拘舍羅（Makkhili）、（6）散若耶‧毗羅梨子（Belatthiputta）等六派代表人物。六師外道是古印度佛陀時代，中印度（恒河中流一帶）勢力較大之六種外道。外道，係以佛教立場而言，實為當時反對婆羅門思想之自由思想家，而在一般民眾社會中所流行之思想體系。茲簡介如下：

（1）阿耆多‧翅舍欽婆羅，是古印度的快樂論者，他認為世界之構成乃地水火風四大素，萬物是由物質而產生，從否定梵天創世說，並相信人死後原素分解便回歸虛空，否定因果，並相信世界是自然而生沒有主宰，萬物之生化就像「如棘刺針無人作，孔雀等種種畫色皆無人作，自然而有，不從因生」，故否認因果論，屬路伽耶派之先驅。

（2）尼乾子‧若提子，是古印度耆那教的創始人，又名筏馱摩耶，他提倡以遠離身心的束縛為目的，而修苦行。他認為世界的本源只有「命」和「非命」，前者是一種精神，要受業束縛；後者是本源狀態，具有清靜圓滿，常樂非生滅之境。此派主張今生之罪福苦樂皆由前生所造，必受此報，非此世修行能斷除之。佛教把該派譯為「邪命外道」，即苦行主義者。

（3）富蘭那‧迦葉，他主張道德的否定論，認為善惡沒有固定標準，世上事物的產生、發展和消亡都是偶然的，故斷定善惡的行為(業)，不會帶來結果(果報)。他對一切宗教及社會道德皆表懷疑態度，更認為人們不因布施、祭祀而得福報，也不因殺戮而

有惡報。這種思想似帶有順世外道的觀念，佛教視之為「無因無緣論」或「無因無果論」。

（4）波浮陀‧迦旃那，他認為宇宙萬物由地、水、火、風、苦、樂、靈魂等七種元素組成，而他們是永恆不變及互不關聯，各自獨立存在的。它們既不能被創造，也不能創造它物，世界萬物只有這七種元素的產物，故以刀劍殺人者，並不能殺之，只能在這些原素間隙活動，不能害人生命，自然也不可能有果報。佛教稱之為「七士身論」或「七爭身說」。故波浮陀旃認定七元素才是實在的想法，逐漸發展為後世的勝論派。

（5）末伽俐‧拘舍羅，有言他出生在牛舍中是奴隸的兒子。另有傳說，他因壞戒而被耆那教逐出沙門。他主張宇宙之生成是由靈魂、地、水、火、風、虛空、得、失、苦、樂、生死等十二種元素所組成。這十二種元素組合在一起是偶然的、機械的。萬物組合而成後便會按自己的必然規律運行，任何人不論賢愚均受其所支配。據此，該派認為一切都是命定的，個人意志在輪迴過程中是無能為力，於善惡當中皆起不了任何作用，只要經過八百四十萬大劫，一切眾生皆能解脫，猶如在高山上拋球而下，線盡即止。此派屬宿命之自然論者，主張苦樂自然產生，否定因緣而為。

（6）散若耶‧毗羅梨子，主張發揚詭辯論。該派對質問不作正面回答，令人捉摸不定，諸如「我亦不以為如是，亦不以為唯然，亦不以為是其他，以不以為不然，以不以為非不然」，其所答之類「此事非異非不異」，他認為「有無他世」、「有無善惡業之異熟果」……既不肯定也不否定，被譽為不可捉摸的泥鰍，但反對梵我轉化世界的主張。其根本原因是對萬有存在有懷疑，也對邏

輯學之反省，他的弟子舍利弗和目犍連後來皈依佛陀成為十大弟子之一。佛教稱此派為「不死矯亂論」，耆那教則稱他為「懷疑論者」。

　　上述六師外道的學說甚多，諸如：《根本說一切有部毘奈耶》卷十三、《寂志果經》、《長阿含‧沙門果經》等均有記載，唯其出現張冠李戴之現象頗為普遍，而六師之形象描繪也能在中國佛教的文學、雕塑、繪畫等各方面找到他的蹤影。六師的問題，主要是涉及道德行為能否帶來結果（果報）；假若獲得心靈的自由（解脫），該如何斷業？這亦成為構成輪迴的一個重大的主體問題。故六師之說，翻其底蘊，皆肢離破碎，時相混淆，在當時則表現出一般強而有力的懷疑批判之思潮。蓋六師之觀點雖異，相互攻奸、排斥責難，唯同者皆反對婆羅門之觀點。

俱舍與毘曇之關係及在中國
弘揚之情況

中文摘要

在南朝的宋、齊、梁三代，研究「說一切有部」的「毘曇學」相當隆盛，慧愷等加以弘傳，特別是慧愷的私淑弟子道岳，初習《雜阿毘曇心論》，後弘俱舍，遂由「毘曇學」轉入「俱舍學」，此為弘傳的第一階段；唐玄奘重譯《俱舍論》，其弟子多半從事研習，於是「俱舍學」又從舊論轉到新論，這是弘傳的第二階段。新舊《俱舍論》譯出後，只是師資相承作學術上的研究，並未成立一般所謂宗派。本章闡述俱舍與毘曇兩者之密切關係，及說明毘曇師如何過度到俱舍師，並展現「俱舍學」在中國弘揚的情況。

關鍵詞：毘曇宗　俱舍宗　世親　俱舍學

一、毘曇與俱舍之關係

佛教博大精深，千差萬別，門派雖多，唯不出大小二乘、空有兩輪。中國佛教小乘有宗名俱舍宗，亦稱「俱舍學」派，以研

習、弘傳《俱舍論》而得名，其學者稱俱舍師，弘傳分新、舊兩個階段。俱舍宗是依據世親菩薩所造的《阿毗達磨俱舍論》而成立的小乘宗派，其教義內容是以「我空法有」、「三世實有」為宗旨，故被視為小乘有宗，對中國佛教各宗都有重要的影響，在思想的演變過程上，唯識宗可說是以俱舍宗為其根源。

（一）毗曇師

毗曇師即研習「毗曇學」派者，世稱毗曇宗，又名薩婆多宗，屬於我國佛教十三宗[1]之一，毗曇全名阿毗曇，意譯對法、無比法、大法等，意謂可尊可讚之究竟法，指可分析觀察現象界及證悟超經驗界之佛教智慧。其原義為「論」，故「阿毗曇」是對佛典的解釋，又阿毗曇是最早傳入中國，亦名阿毗曇宗。

東晉時期，「說一切有部」毗曇傳入中國，前秦僧伽提婆於建元十九年（383）譯出《阿毗曇八犍度論》（玄奘譯為《發智論》）二十卷，又於東晉太元十六年（391）譯出《阿毗曇心論》四卷；南宋僧伽跋摩等於元喜十二年（435）譯出《雜阿毗曇心論》十卷等，同時又譯《三法度論》，諸作譯出後，流傳甚廣，南北兩地掀起研習毗曇之熱潮，專習或兼習之學者繼出，自此「毗曇學」派逐漸形成，毗曇師也相繼出現。元嘉十年（433）僧伽跋摩重新注譯《雜阿毗曇心論》，研習毗曇者皆奉為要典，視為毗曇之總結，自此「毗曇學」大盛，影響亦廣。直至唐朝玄奘重譯《俱舍論》後，「毗曇學」派逐漸衰微。

---

1 中國佛教宗派之產生，大約在隋唐時代，共有十三宗之說。所謂的十三宗，即：淨土、毘曇、成實、律、三論、涅槃、地論、攝論、禪、天台、華嚴、法相、密宗等，後經整合為十宗。

　　「毘曇學」說的重點是依據有部之義理，以《阿毘曇心論》
及《雜阿毘曇心論》之四諦綱領，說明「我空法有」及「法從緣
生」之道理，又指出色、心一切諸法各有自性、常恒不變，並肯
定「三世實有」之說。毘曇師主張諸法實有，故建立色、心法外，
又立心所有法五十八種，十四種不相應行法、三種無為法。「毘曇
學」又認為法體在三世中永不消滅，而三世「中有」中，過、未
二世之有建立在因之上，故用六因四緣，以證三世一切法有之說。
其次，他的學說善於解釋法相，以探究事物的本質與現象的關係。
慧遠對毘曇則有如下的評論：

　　　　阿毘曇心者。三藏之要頌。詠歌之微言。管統眾經領
　　其宗會。故作者以心為名焉。有出家開士。字曰法勝。淵
　　識遠覽極深研機。龍潛赤澤獨有其明。其人以為阿毘曇
　　經。源流廣大難卒尋究。非贍智宏才。莫能畢綜。是以探
　　其幽致別撰斯部。始自界品訖於問論。凡二百五十偈。以
　　為要解。號之曰心。其頌聲也。擬象天樂若雲篽自發。儀
　　形群品觸物有寄。若乃一吟一詠。狀鳥步獸行也。一弄一
　　引。類乎物情也。情與類遷。則聲隨九變而成歌氣與數合。
　　則音協律呂而俱作。拊之金石。則百獸率舞。奏之管絃。
　　則人神同感。斯乃窮音聲之妙會。極自然之眾趣。不可可
　　謂美發於中暢於四枝者也。發中之道要有三焉。一謂顯法
　　相以明本。二謂定己性於自然。三謂心法之生必俱遊而同
　　感。俱遊必同於感。則照數會之相因。己性定於自然。則

> 達至當之有極。法相顯於真境。則知迷情之可反。[2]

慧遠認為「毘曇」的特色以明法相為根本，討論事物的定性，才能真正認識世界。「毘曇學」經道安和慧遠等大德推崇，在中國南北兩地傳播，可謂盛極一時。

毘曇傳入中國後，首先傳譯北方，道安倡導研習。後慧嵩從智遊習「毘曇」、「成實」等學，聞名北方，有「毘曇孔子」之稱號。慧嵩先後在鄴、洛、彭、沛一帶弘揚毘曇之學，弟子計有志念、道猷、智洪、晃覺、敬魏等，都是北方著名僧侶。例如志念先從道長習《智論》，繼從道寵習《十地論》，及後從慧嵩研《毘曇》，《續高僧傳》卷十一載：

> 盛啟本情雙演二論。前開智度後發雜心。岠對勍鋒無非喪膽。時州都沙門法繼者。兩河俊士燕魏高僧。居坐謂念曰。觀弟幼年慧悟超邁若斯。必大教由興。名垂不朽也。於即頻弘二論一十餘年。學觀霞開。談林霧結。齊運移曆周毀釋經。[3]

志念所出高足有二十餘人皆屬隋唐高僧，門人多達四百餘人，皆傳播毘曇之學。此外，有成實師僧嵩及其弟子僧淵亦有弘揚「毘曇」，據《高僧傳》卷八載：

> 釋僧淵。本姓趙。穎川人。魏司空儼之後也。少好讀

---

2 《大正新脩大藏經》第五十五冊 No. 2145《出三藏記集》序卷第十，頁 0072c01(00)－0072c20(01)。

3 《大正新脩大藏經》第五十冊 No. 2060《續高僧傳》卷十一，頁 0508c14(01)－0508c19(03)。

書。進戒之後專攻佛義。初遊徐邦止白塔寺。從僧嵩受成
實論毘曇。學未三年功踰十載。慧解之聲馳於遐邇。淵風
姿宏偉腰帶十圍。神氣清遠含吐灑落。隱士劉因之捨所住
山給為精舍。……釋曇度。本姓蔡。江陵人。少而敬慎威
儀。素以戒範致稱。神情敏悟鑒徹過人。後遊學京師備貫
眾典。涅槃法華維摩大品。並探索微隱思發言外。因以腳
疾西遊。乃造徐州。從僧淵法師更受成實論。遂精通此部
獨步當時魏主元宏聞風餐挹。遣使徵請。既達平城大開講
席。宏致敬下筵親管理味。於是停止魏都法化相續。學徒
自遠而至千有餘人。[4]

自隋朝一統南北，「毘曇學」獨盛於北方，時有名僧靖嵩，著
有《雜心疏》五卷。又長安有辨義、道宗，洛陽有智脫，益州有
道基，蒲州有神素皆弘此學。另有它宗兼弘毘曇者，有慧定、靈
裕、智脫、明彥、民念等，成為慧嵩以後著名的毘曇師。

在南方，《雜阿毘曇心論》經僧伽跋摩重譯之後，又經慧遠大
力提倡，「毘曇學」大盛。從習者有道生、慧持、慧觀、慧義、曇
順及名士王珣、王珉。南朝時在宋都建康有法業、慧定、曇斌、
慧通兼攻《雜心論》、僧鏡撰《毘曇玄論》、《後出雜心序》，江陵
有成具、會稽有曇機。齊代有僧慧、慧基、法令、智藏、慧開、
慧集，其中慧集最為著名，以《八犍度論》及《大毘婆沙論》來
與《雜心論》相互參校，分析問題，獨步一時。故他陞堂弘法來
受聽者多至千人，著有《毘曇大義疏》十萬餘言，盛行於世。《高

---

4 《大正新脩大藏經》第五十冊 No. 2059《高僧傳》卷第八，頁 0375a27(00)－
　0375b16(04)。

僧傳》卷八：

> 凡碩難堅疑並為披釋。海內學賓無不必至。每一開講負帙千人。沙門僧旻法雲並名高一代。亦執卷請益。今上深相賞接。以天監十四年還至烏程。遘疾而卒。春秋六十。著毘曇大義疏十餘萬言。盛行於世。[5]

後因成實學漸盛，「毘曇學」日衰。及後陳真諦譯出《俱舍釋論》後，毘曇師多轉移習俱舍，成為俱舍師。自此，「毘曇學」一蹶不振。

（二）俱舍師

「俱舍宗」以《俱舍論》為依歸，而此論之弘傳有新舊兩個時期。在南朝的宋、齊、梁時期研習「毘曇學」之「說一切有部」，十分盛行。自陳真諦譯出《俱舍釋論》後，形勢大變。有研究「毘曇學」者，紛紛轉投研習俱舍之學，道岳為一例。他初習「毘曇學」依《雜心論》，後研習俱舍而捨毘曇，時稱俱舍師，此為「俱舍學」之第一階段。嗣後，玄奘大師自印度回國重譯《俱舍論》，其弟子大多研習此學，俱舍師從舊論轉移研究新論，是為俱舍弘傳的第二階段。

俱舍師以世親為宗祖，他初於有部出家，天資聰敏，精通三藏，增訂《雜心論》，創《俱舍論》。其弟子安慧等，皆弘傳俱舍義，著有《俱舍論實義疏》等著作，其餘德慧、世友、稱友、滿增、靜住天、陳那等多有注釋此論，是印度最早期的俱舍師，為

---

5 《大正新脩大藏經》第五十冊 No. 2059《高僧傳》卷第八，頁 0382b29(01)－0382c04(02)。

當時教界引起全城鼓動，研究氣氛，一時無兩，極為盛行，將「說一切有部」之教義推向新的境界。南朝陳天嘉五年間（564），真諦於廣州制旨寺譯出《俱舍釋論》二十二卷，世稱舊俱舍，與此同時，陞堂弘演，由弟子筆錄結集為《義疏》共五十三卷。天嘉七年（566）二月又應邀請重譯並講，於光大元年（567）十二月譯畢，由弟子慧愷筆錄，成為今天的《阿毘達磨俱舍釋論》二十二卷，通釋舊譯。其弟子有慧愷、智敏、法泰等，以慧愷最為著名。慧愷在梁代漸露頭角，為人所識，他初落腳於阿育王寺，後到廣州拜真諦為師，備受器重。他先後協助翻譯《攝大乘論》、《俱舍論》等，其中以《俱舍論》文及疏共譯出八十三卷，辭理圓備，文詞通達，為真諦所稱讚。公元五六七至五六八至期間，慧愷應僧宗等之請，於智慧寺弘《俱舍》義，受聽者眾多，其中七十餘人為有名學士，唯弘宣至《業品疏》第九卷，不幸病逝，是為中土最初弘傳之俱舍師。真諦聞此噩耗，悲痛不已，唯恐俱舍義理失傳，聚僧眾十二人立誓續傳俱舍，又續講慧愷未完成之部份，至《惑品疏》第三卷，亦患病停講，不久圓寂。自真諦圓寂，法侶凋零，智敏依師之旨，弘傳俱舍。法泰於陳太建三年，攜真諦新譯之經論回建業，廣弘俱舍。又慧愷的弟子道岳在大禪定道場，以真諦講義疏釋俱舍，從道岳受業者，有僧辯、玄僧、智實、洞時等名僧。此期弘傳俱舍義者，統稱為舊俱舍師。

　　唐玄奘法師往印度取經之前，亦曾問道於道岳。其後他往天竺途中巧遇通曉三藏的僧伽藍和般若羯羅，玄奘詢問俱舍疑義都得到解答。他到了天竺後，在迦濕彌羅國聽大德僧稱講《俱舍論》，及後隨羅難陀寺戒賢論師研習三藏，並曾向戒賢問學有關俱舍之疑難。玄奘在印度學成歸國後，有鑒於真諦所譯之俱舍未具周全，

義多有缺，決定重譯。《宋高僧傳》載：

> 釋普光。未知何許人也。明敏為性。爰擇其木。請事
> 三藏奘師。勤恪之心同列靡及。至於智解可譬循環。聞少
> 證多。奘師默許。末參傳譯頭角特高。左右三藏之美光有
> 功焉。初奘嫌古翻俱舍義多缺。然躬得梵本再譯真文。乃
> 密授光多是記憶西印薩婆多師口義。[6]

永徽二年（651）五月沙門元瑜奉奘師筆錄於大慈恩寺翻經院
重譯《俱舍論》。永徽五年七月，大功告成，所譯新論，凡三十卷，
題名為《阿毘達磨俱舍論》，世稱新論。玄奘的新論把毗曇留下來
的疑團，一掃而空。

永徽二年至顯慶四年（659）九年間，玄奘先後譯出小乘七論、
婆沙論，同時更譯出批評俱舍之正理、顯宗二論。玄奘門人多有
俱舍譯注，諸如法寶、神泰、普光等。玄宗時（713）以圓暉最為
著名，其時有禮部侍郎賈曾求法於他。圓暉把光記刪減為十卷，
並參照《寶疏》之疏解，著《俱舍論頌疏》，眉目清晰，易於理解，
因而大盛，成為普光、法寶後之傑出俱舍師。嗣後，有崇廙、慧
暉、遁麟等人，弘傳俱舍，並有著作傳世。

及後，日僧智通、智達等於唐時來華求法，隨習「法相宗」
而研習俱舍，回日後立為宗派，學者輩出，著作亦豐，研此論者，
有宗性、湛慧、快道、法廣、鴻信、英憲等。唐以後此宗漸衰，
至元世祖時，帝師八思巴造《彰所知論》為俱舍之最後光輝，此
後繼而不傳。

6　《大正新脩大藏經》第五十冊　No.2061《高僧傳》卷第四，頁 0727a05(00)－
　　0727a11(13)。

　　自唐玄奘法師譯出《成唯識論》後，唯識學大盛，唯識與俱舍有合流之勢，古德有謂：「七年俱舍，三年唯識」之說，故研習俱舍成為唯識之基。玄奘後，唯識學亦漸衰，「俱舍學」亦隨之末落。直至民國期間，有居士歐陽竟無、楊文會、太虛等學者研究唯識，「俱舍學」之研究又有新的研習者。雖重燃此火，唯研習者大不如前。至今，在各地續有學者開講及研習俱舍。

二、俱舍宗在中國弘揚之情況

　　在中國自陳真諦法師譯出俱舍釋論後，原本依雜心論為主而研究之毘曇師（又名雜心師）漸次改為俱舍師。這股研習俱舍熱潮，一直伸延至唐代，到玄奘法師重譯俱舍又牽起另一番研究新俱舍之風。及後，奘師繼而譯出成唯識論後，俱舍與唯識合流，《俱舍論》成為唯識學之入門課程。唐朝會昌法難之後，唯識學一厥不振，連帶研習《俱舍論》者亦乏人問津。在唐代時期，有日本學僧道昭、智通、智達、玄昉親炙玄奘三藏及智周研習俱舍，歸國後弘傳於日本。其後齊明天皇（655－660）道昭大僧都傳入「法相宗」。「俱舍宗」是「法相宗」的附宗，廣弘此論，學者疏解人才輩出。在西藏，安慧之再傳弟子勝友曾傳譯《俱舍論》，十三世紀又有迦當派弟子加以弘傳，並有著作面世，甚見規模。密宗黃教更規定弟子必修俱舍，極為重視。

（一）創立之原因

　　「俱舍宗」是漢傳佛教十宗之一，屬小乘有宗。俱舍者，是

依世親菩薩所造之《阿毗達磨俱舍論》而立「俱舍宗」，又名「俱舍學」派，依此論研習者稱俱舍師。本宗除依《俱舍論》為主要論典外，還有《四阿含經》，《六足一身論》、《大毗婆沙論》、《阿毗曇心論》及《雜阿毗曇心論》等。須知，佛滅後一百年間，法無異說，佛法清淨一味。唯百年後，有大天論師作五事頌：「餘所誘、無知，猶豫、他令入，道因聲故起，是名真佛教」[7]的學說，確立新義，為自己帶來毀譽參半，甚至毀多於譽的負面評價，於律戒修持各有己見，諍義遂起，從此一分為二，成為大眾部及上座部二派；及後二派，亦因義理上之差異，各樹旗幟，異論紛紛，二派本末先後輾轉分裂為二十個部派。

佛滅後三百年，上座部流出「說一切有部」先弘「對法」，後弘「經律」；四百年初，「說一切有部」又復出一部，名「經量部」。此部以經作依歸，不依「對法」及「律」。佛滅四百年間，有論師迦多尼子採六足論義造《發智論》，重組有部教義；四百年頃，又有五百阿羅漢依犍馱羅國迦膩色迦王之請結集《大毗婆沙論》二百卷，廣釋《發智論》，由有部之宗義確立。婆沙面世後，有部宗徒尚嫌婆沙過於廣博，難窺其精義，故宗徒遂撮其要義而為專書在坊間流傳。五百年中有法勝論師以《阿毗曇心論》太略，再造《雜阿毗曇心論》增補之。九百年頃，世親菩薩出世，初於「有部」出家，習其宗義，受持九部三藏，後學「經量部」，於自宗有所不足，見其當理，增訂雜心。其後，遂依《大毗婆沙論》造《俱舍論》，述一切有義，間以經部破之，以理為宗，不偏一部。故《俱舍論》則取捨折衷於二十部外出一機軸者，然本論既依婆沙而作

7　《大正新脩大藏經》第四十一冊　No. 1822《俱舍論疏》卷第一，頁 0458b14(10)。

之，亦攝婆沙之要義而無漏，故頌言：「攝彼勝義依彼故，故立對
法俱舍名。」[8]，在印度學者稱此論為《聰明論》，內外宗派共學
之。後有部出一學人名眾賢論師，復造《俱舍雹論》再破世親之
《俱舍論》。世親閱後，感於其作雖對俱舍之義有所裨益，但並無
突破之作，他沉吟良久，對門徒言：「眾賢論師聰敏後進。理雖不
足詞乃有餘。我今欲破眾賢之論。若指諸掌。顧以垂終之託重其
知難之辭。苟緣大義。存其宿志況乎此論。發明我宗。遂為改題
為順正理論。」[9]後來德慧、世友、安慧、稱友、滿增、寂天、陳
那等，相繼製疏，詮釋《俱舍論》。由此「說一切有部」之教義邁
向新紀元。

（二）定位及判教

「俱舍宗」修持方法為四諦、八正道及十二因緣，而所證解
脫果為有餘依或無餘依涅槃，不證自性清靜涅槃及無住涅槃，亦
不證佛果，唯證二乘菩提果。此宗折衷有部而多採經部之義，故
義理進步而開放，故又冠名「以理為宗」。唯判釋東流一代佛教，
大乘諸宗皆判為小乘教派。

（三）本宗之中心思想

「俱舍宗」以明諸法因緣，破遣外道，令斷執見，永離三界
六道，教義內容以「我空法有」、「三世實有」為宗旨，主要依世

8　《大正新脩大藏經》第二十九冊 No. 1558《阿毘達磨俱舍論》卷第一，頁
　　0001b13(00)。
9　《卍新纂續藏經》第五十三冊 No. 838《俱舍論頌疏序記》，頁 0122a14(08)－
　　0122a17(00)。

親菩薩所造的《俱舍論》思想而立其正理。全論共九品[10]，可分為「法的性質與功能」、「眾生輪迴之因緣與果報」、「明所證悟世界之因緣果報」、「評破執有」等，茲分述如下：1.諸法概論，以五蘊、十二處、十八界分析萬法之種類，並統攝為七十五法分別探討，以明事理。2.因果論，說明一切世間法必依因緣和合而起，並以六因、四緣、五果來闡述有情無情之名色作用。3.輪迴轉生論，透過三界、五趣、四生闡述眾生流轉的情況及以十二因緣三世兩重因果以明其相狀，以探討有情世間及器世間的各種情形，以說明佛教之宇宙觀。4.業感論，詳細分析業之種類，眾生輪迴六道的原因。5.隨眠論，說明令眾生沉迷六道三界之根本煩惱及剷除煩惱之方法。6.斷證論，以明超凡入聖之方法及所證得果位之內容。7.破執論，說明無我論之立場及評破執有之部派佛教及外道。以上是本宗的中心思想，茲列簡表如下：

中心思想	「法的性質與功能」		1.諸法概論
	眾生輪迴之因緣果報		2.因果論
			3.輪迴轉生論
			4.業感論
	明所證悟世界之因緣果報		5.隨眠論
			6.斷證論
	評破執有		7.破執論

---

10 有關《俱舍論》總共有八品，抑或九品，至今學界未有定論。

「俱舍宗」的中心教義是依因緣法說明所有色心諸法，以五位七十五法闡明「現在有體，過未無體」之說。俱舍師言諸法實有，有生有滅，現在為生，過去為滅，而滅乃現在必然之推移，無待因緣，而生者須依賴其它之因，故有六因、四緣、五果之說。俱舍師認為所謂「我」者既然要依因待緣而起，故應無常 —— 主宰之我體，只是五蘊和合假立而名之，都無實體故，一如琴音。故此宗在法有我無之基礎上立有漏、無漏兩重因果論。

（四）傳承與發展

「俱舍宗」在中國的弘傳分新舊兩個時期，早於南朝的宋、齊、梁三代研習「毘曇學」派者相當流行，「俱舍宗」的前身就是毘曇宗，當時習此宗之表表者有梁代之慧集及其弟子僧旻、法雲，於北方與慧集同時弘揚者有慧嵩、志念最為出色。後漢桓帝建和二年（148），安世高傳譯毘曇和禪數之學，隨他習毘曇者人如潮湧。後更有竺法深的弟子法友、竺僧度等精於「毘曇學」，其中竺僧度更著有《阿毘曇旨皈》一書。

公元 383 年，大乘經教未張，禪數之學在坊間頗為盛行，學者伽跋登翻譯阿毘曇尤為著名。他更於建元十九年（383）與道安等共譯出《毘婆沙論》十四卷。翌年，他又與曇摩難提及僧伽提婆共譯《婆順密集經》及《僧伽羅剎經》。公元 384－385 年，曇摩難提議（兜佉勒人）譯出《中阿含》。僧伽提婆（罽陀羅人）於 383 年譯出《阿毘曇八犍度論》（《發智論》），及後，在 391 年又譯出《阿毘曇心論》、《三法度論》除最後二論，其餘為道安與法和修訂，而《八犍度論因緣品》於 390 年始由曇摩卑補訂。

其後，僧伽提婆與僧伽羅（罽陀羅人）於 397 年共譯《中阿

含》，唯已佚。他亦嘗試重譯《阿毘曇心論》唯未能完成。在當時
譯場中當推竺佛念和慧嵩二人。竺佛念獨自譯出《菩薩瓔珞本業
經》和《十住斷結經》，而慧嵩與曇摩崛多共譯出《舍利弗阿毘曇
論》。及後，法顯從天竺取得《雜阿毘曇心論》六千偈，與佛陀跋
陀羅在道場寺譯為十三卷。在劉宋元嘉三年，西域僧伊葉波羅譯
出《雜阿毘曇心論》，唯未全部譯出。十一年僧伽跋摩與法雲共釋
《阿毘心論》十四卷（今存十一卷，餘已佚。）元嘉十六年在坊
間出現《阿毘曇婆沙論》一百卷，現存六十卷。毘曇之學可謂幾
經波折及變遷，直至慧愷、道岳始成「俱舍宗」。

　　其後，唐永徽五年（654），玄奘大師於慈恩寺重譯《阿毘達
磨俱舍論》三十卷，成為日後「法相宗」的基本教材，名為新譯
派「俱舍宗」，也稱新「俱舍」。玄奘在中土時於長安從道岳研習
《俱舍論》，其後因覺所傳經論多所歧異便立志往天竺取經，適遇
磔迦國小乘三藏般若羯羅（慧性）問道《俱舍論》、《大毘婆沙論》
等疑義，使心中疑團大解；奘師又往迦濕彌羅國隨僧習《俱舍論》，
復返那爛陀寺隨戒賢論師修學。玄奘於唐永徽二年五月回國，在
大慈恩寺譯院重譯《阿毘達磨俱舍論》，並於永徽五年七月譯畢，
合共三十卷。玄奘在翻譯俱舍過程中，將有部各毘曇論典所牽涉
的問題追源溯本，一一加以釐清。之後，相繼陸續翻譯其餘相關
的七種論典，包括《大毘婆沙論》及評破世親《俱舍論》的眾賢
《順正理論》、《阿毘達磨顯宗論》等各論。

　　《新俱舍論》面世後，玄奘門人多有註疏弘傳此論，較著名
者有：神泰、普光、法寶及圓暉四人。四人之著作之情況，詳列
於下：

（1）普　光

唐代普光（七世紀）撰，凡三十卷，本書又稱《俱舍論光記》（略稱光記）。神泰、普光、法寶同為《俱舍論》譯者玄奘之門人，被並稱為俱舍三大家。三疏之中，各有特色，以泰疏為最古，次為光記，最後為寶疏。隨文解釋是泰疏之特色，他的註疏，恰到好處，甚為難得，若與光記互相對照，更顯玄奘之釋義。寶疏之特色將《俱舍論》之研究分為五門，多站於大乘之觀點來看《俱舍論》，故對神泰、普光二師之說十分不滿。三大家之態度雖然彼此歧異，互有立場，誠然，在《俱舍論》之研究上，三家之學理亦不能不習。

（2）神　泰

唐代神泰撰《俱舍論疏》（略稱泰疏），原本已失，而原本之卷數有三十卷之說，有二十卷之說，今僅殘存七卷。神泰之傳記不明，是玄奘之高徒，普光之先輩。其文詞舒述簡潔，所說穩健，普光之《俱舍論光記》承神泰之說頗多，世稱《神泰疏》及光、寶（普光、法寶）二記為《俱舍論》三大註釋之書。

（3）法　寶

唐代法寶撰，凡三十卷，此書與《俱舍論光記》皆為《俱舍論》學者所必修。共分五門：初轉法輪時、學行之次第、教起之因緣、部執之先後及依文解釋。蓋法寶宗涅槃，信一性皆成佛，忌憚法相之五性各別義，而此常為講新譯者所譏嫌。法寶因感光記解釋之繁瑣，大加排斥，自創獨特之解釋，後世亦有崇寶疏者，故今有光、寶二學派之諍論[11]。

---

11 日本十八世紀學僧快道常林評本疏之特點，謂法寶多以一解為決，並常斥泰疏、光記之非。

（4）圓　暉

唐代圓暉撰，凡二十九卷或三十卷，全稱《阿毘達磨俱舍論頌疏》（《略稱頌疏》）。又作《俱舍論頌疏論本》、《俱舍頌疏》、《俱舍論頌疏》、《俱舍論頌釋》。係解釋《俱舍論》六百行頌之作。圓暉受晉州刺史賈曾之請，就《俱舍論》之頌，去其繁雜，針對要點，加以註釋，故行文簡易，頗盡其要，為研究《俱舍論》之重要入門書。自序曰：

> 課以庸虛。聊為頌釋。刪其枝葉。採以精華。文於廣本有繁。略敘關節。義於經律有要。必盡根源。頌則再牒而方釋。論乃有引而具注。木石以銷。質而不文也。冀味道君子。義學精人。披之而不惑。尋之而易悟。其猶執鸞鏡而鑒像。持龍泉以斷物。蓋述之志矣。愚見不敏。何必當乎。[12]

由此以見其志。此書出於普光、法寶二疏之後，可謂《俱舍論》釋諸家中之後來居上者。本書原依據《俱舍論》本頌之形態，不含破我品；後由後人對破我品所引之頌作注釋，追補而成第三十卷。

未幾，日本淨土宗僧普寂撰《俱舍論要解》，凡十卷，共分七門：(一)明論之緣起，(二)明教起之意，(三)辯論之宗旨，(四)明藏之所攝，(五)明翻釋之異，(六)釋論之題目，(七)隨文解釋。本要解對《婆沙論》及《俱舍論光記》、寶疏等之解釋加以批評，然無引文與原文對照，使用上頗多不便。

及後，註疏解《俱舍論》不乏其人，計有崇廙著《俱舍論頌

---

12 《大正新脩大藏經》第四十一冊 No. 1823《俱舍論頌疏論本》卷第一，頁 0813b23(05)－0813b29(00)。

疏金華鈔》十卷、窺基《俱舍論鈔》十四卷、慧暉《俱舍論頌疏義鈔》六卷、遁麟《俱舍論頌疏記》十二卷、懷素《俱舍論疏》十五卷、神清《俱舍論義鈔》數卷、玄約《俱舍論金華鈔》二十卷、虛受《俱舍論疏》、憬興《俱舍論疏》三卷、法清《俱舍金華抄》、本立《俱舍論鈔》三卷、金印《同疏》等，弘傳「俱舍宗」義。至元世祖時，帝師八思巴造《彰所知論》二卷，此後暫無承傳。自唐朝會昌法難後，此論跟隨唯識學而衰微，乏人研習。之後，又出一位希聲居士在民國九、十年間研習《阿毗達磨俱舍光記》，並發表文章刊行《海潮音》月刊。十一年武昌佛學院成立「俱舍學」一門供僧眾修讀，由史一如教授任教，以《俱舍論頌釋》作教材，「俱舍宗」又重現生氣，當時研習此宗最著名者有法航法師等三人。法航以寶疏為副，光記為主，互為研讀，頗有成就。民國十八年法師在武昌陞座弘此宗之論要，十九至二十年間又在北平世界佛學教理苑（柏林寺）講授「俱舍宗」義，本有頌釋之編輯，唯稿於抗戰期間遺失。二十七年又在重慶漢藏教理院宣講此宗義理，發揮自如，並整理《俱舍頌科判》四卷。其後，歐陽漸為南京內學院刊《光記》而作序，對「俱舍宗」之論典研習亦有影響。事實上，在當時對「俱舍宗」義撰文者亦不乏其人，諸如張建木、楊日長、楊白衣、慈斌、李世傑、化聲、寂安、一如、李添春、賢悟、化莊、昌言、葦舫、會中、永學、窺諦、沙解、道平、方孝岳、演培等均有貢獻。

在中國西藏佛教地區，安慧之再傳弟子勝友曾傳譯《俱舍論》，惟後期經朗達瑪王之毀佛，停滯不前；至後期約十三世紀，迦當派弟子在奈塘寺廣弘「俱舍宗」義，集此學於大成，加以弘傳。他曾博採西藏各派精要，著《對法莊嚴疏》，對此宗亦有貢獻，

抉擇各家之說，故研習者重見規模。及後，黃教視此學為必修之課，歷代大師均有注解，以利後學。

在唐代時期，有日本學僧道昭、智通、智達、玄昉等來華習俱舍，親謁玄奘三藏及智周門下稟承《俱舍論》，未幾，玄昉寺僧禮請智周在興福寺傳「俱舍宗」義，此學曾盛行諸寶剎。歸國後弘傳於大和國奈良，為日本「俱舍宗」之始。其後齊明天皇即位四年，建立「俱舍宗」，廣弘此論，學者疏解人才鼎盛，嗣有行基、勝虞、義淵、護命、明詮相繼輩出，研習此論，可謂弘傳殊盛。在日本本土，「俱舍宗」多附於「法相宗」而兼學之，現殘存日久，不傳宗名，但學者注疏競出，遠超於中國數量。1973 年日人龍谷把梵、漢、藏、日、英等譯本輯成一集出版，名《梵本藏漢英和譯合璧阿毗達磨俱舍論本頌之研究－－界品、根品、世間品》。至今，弘傳此宗宗義，不論在著譯或論文方面，造此宗研究者雖有而不多，與其他諸如禪、華嚴、天台等宗之比較，較為遜色。

三、近當代學者研究俱舍學之情況

五十年代解釋「俱舍學」的書本，有釋演培釋註的《俱舍論頌講記(上)、（中）、(下)》三冊（1956）。

六十年代印順法師的〈阿毗達磨論義的大論辯〉‧《說一切有部論書與論師研究》（1968）。

七十年代近當代學者研究「俱舍學」，以台北《大乘文化出版社》張曼濤主編：《現代佛教學術叢刊(第 22 冊)：俱舍論研究(上)》及《現代佛教學術叢刊(第 51 冊)：俱舍論研究(下)》最為豐富。上、下兩冊的課題，，合共 35 篇，詳見下表：

《現代佛教學術叢刊》			
《俱舍論研究(上)》		《俱舍論研究(下)》	
題　目	作　者	題　目	作　者
〈俱舍論識〉	張建木	〈俱舍論大綱〉	一　如
〈阿毘達磨俱舍論敘〉	歐陽竟無	〈俱舍論講錄〉	化　聲
〈俱舍論釋題〉	演　培	〈俱舍論〉	西義雄
〈略釋俱舍論〉	楊日長	〈閱俱舍之心得〉	悅　西
〈俱舍要義〉	楊白衣	〈外國人心目中的俱舍八年〉	李添春
〈俱舍的諸法分類論〉	慈　斌	〈俱舍論之組織與中心及其特色〉	賢　悟
〈俱舍的法體恒有論〉	李世傑	〈俱舍二十二根略述〉	化　莊
〈俱舍論時間之研究〉	化　聲	〈俱舍二十二根概論〉	昌　言
〈俱舍論界品之研究〉	寂　安	〈俱舍宗二十二根的人生觀〉	葦　舫
〈俱舍論之無我思想〉	慈　斌	〈俱舍論的智慧思想〉	李世傑
〈關於阿毘達磨俱舍論破我品〉	徹爾巴茨基	〈俱舍的賢位論〉	慈　斌
〈俱舍論的業力思想〉	李世傑	〈俱舍論的人生觀〉	會　中
〈俱舍的煩惱論〉	真　因	〈俱舍論界品蘊處界之研判〉	永　學

〈俱舍的因果論〉	李世傑	〈關於俱舍的破我品〉	演　培
		〈俱舍一頌的檢討〉	窺　諦
		〈俱舍論新評〉	妙　解
		〈俱舍成實宗史觀〉	楊白衣
		〈俱舍論與雜心論之關係〉	演　培
		〈大乘百法與俱舍七十五法之比較研究〉	道　屏
		〈陳譯阿毘達磨俱舍釋論校勘後記〉	方孝岳
		附錄：〈阿毘達磨俱舍論本頌講義〉	葦　舫

　　其次有：羅光：〈俱舍論 ─ 業感緣起〉、佐伯旭雅編：《冠導阿毘達磨俱舍論・（一）至（三）》（1979）。

　　八十年代研究俱舍有：黃懺華的〈俱舍宗〉・《佛教各宗大綱》（1980）、金行天撰：《從緣生的觀點研討與認識有關的諸俱舍法義》（碩士論文）（1980）、李孟崧撰：《俱舍論對業論之批判》（碩士論文）（1983）、李世傑：《俱舍學綱要》（1984）、林妙香：〈析論《俱舍論》「三世有」之思想」〉（1986）、平川彰著，

曇昕譯：《阿毘達磨俱舍論》簡介（1987）、溫金柯撰：《阿毘達磨俱舍論的諸法假實問題》（碩士論文）（1988）、杭大元的〈人生煩惱知多少——俱舍論隨眠品發微〉（1988）、呂澂：〈阿毘達磨俱舍論〉（1989）、欽·降白央著，多吉杰博編的《俱舍論注釋》（1989）。

　　九十年代研究俱舍有：昌言等著的《俱舍的思想和智慧》、李志夫：〈試論俱舍論在佛教思想史中之價值（上）〉（1990）、普願：〈《俱舍論》管窺〉（1990）、蘇軍：〈決定俱生——《俱舍論》理論體系完成的重要環節〉（1991）、林熅如：〈從「四善根」論「說一切有部」加行位思想探微——以漢譯《阿毘達磨俱舍論》為中心」〉（1991）、萬金川的〈佛陀的啟示——一位阿毘達磨論者的解讀〉（1992）、釋惠空：〈《俱舍論》·〈定品〉與《瑜伽師地論》·「三摩呬多地」之比較〉（1993）、釋性儀的〈漢譯《俱舍論》〉（界品）中「受、想」別立為蘊之探討」（1994）、釋自運：〈《俱舍論光記寶疏》之研究——序分之一〉（1994）、張鐵山、王梅堂的〈北京圖書館藏回鶻文《阿毘達磨俱舍論》殘卷研究〉，《民族語文》第二期（1994）、釋自範撰：《阿毘達磨俱舍論明瞭義釋·序分》之研究》（1995）、萬金川的〈《俱舍論·世間品》所記有關「緣起」一詞的詞義對論——以漢譯兩本的譯文比對與檢討為中心〉（1996）、張鐵山的〈從回鶻文《俱舍論頌疏》殘葉看漢語對回鶻的影響〉，《西北民族研究》第二期（1996）、日·《齊藤唯信》著、慧圓居士譯《俱舍論頌略釋》（1997）、楊白衣的《俱舍要義》（1998）、吳洲的〈《俱舍論》的六因四緣說〉（1998）、釋日慧的〈《俱舍論》心所分類的解讀〉（1999）、星雲編著的〈俱舍宗〉·《佛光教科書》第五冊（1999）、菩提比丘英譯，尋法比丘中譯：

《阿毗達磨概要精解》（1999）、蕭振邦的〈依義理重構佛教美學之探究：以「俱舍論」為例示〉（1999）。

　　二千年代研究俱舍有：王秀英的〈《俱舍論‧定品》與《清淨道論》定學諸品之比較研究〉（碩士論文）（2001）、釋悟殷的〈《俱舍論》的二教二理〉‧《部派佛教》（上篇）（2001）、張鐵山的〈敦煌莫高窟北區 B52 窟出土回鶻文 ── 《阿毗達磨俱舍論實義疏》殘葉研究〉,《敦煌學輯刊》第一期（2002）、釋悟殷的〈《俱舍論》的頓漸對論〉‧《部派佛教》（中篇）（2003）、曲世宇的〈《俱舍論》略史及綱要〉,《法音》第五期（2003）、張鐵山的〈敦煌莫高窟北區出土三件回鶻文佛經殘片研究〉,《民族語文》第六期（2003）、櫻部建、小谷信千代、本庄良文:《俱舍論の原典研究 ── 智品‧定品》（2004）、妙靈:《論典與教學‧〈阿毗達磨俱舍論〉上、下》兩冊（2006）、何石彬:《阿毗達磨俱舍論》研究（博士論文）（2009）。

　　以上諸類作品，對俱舍作出了廣泛之討論及研究，可謂各有特色，其內容或專題發揮如「對業論批判」、「三世假實問題」，或概括論述，或原文解讀，或義理分析，或比較他學，或考辨真偽，或追溯源流，或重建架構，或從外文考証，或作評論得失，或以觀行考量，或破邪顯正⋯⋯，凡此種種，皆有論述。唯無一本能統貫收集，實亦難以做到，蓋「俱舍學」之義理集小乘中之大乘，義豐理廣，俱俱一本論文或一本著作又豈能盡釋，何況經歷如此漫長之歲月，加上時代變遷會帶來新的證據，故時人對其詮釋或有新的觀點，亦無可厚非。可以說:人類對知識不斷探索，不斷求證，是追求真理的最佳良伴。

四、總　結

「俱舍宗」以《俱舍論》而立宗，故《俱舍論》之義理便成
為此宗的重要價值所在。蓋弘「俱舍宗」者必學俱舍義，欲研習
俱舍義者，必歸屬此宗，兩者如波依水，有著分不開的關係。「俱
舍宗」溯源於世親菩薩所在之《俱舍論》，本論作者著有「小論千
部，大論亦千。」故有千部論主之稱，以見「俱舍宗」義之偉大。
一個宗派是否有其價值地位存在，就先看其宗義可有中心思想，
又能否令人轉迷為悟，本論在印度問世後，除佛教各部外，其餘
外道均爭相研習，更被譽為《聰明論》之美譽，眾賢論師雖作《俱
舍雹論》而攻擊，唯並無動搖本論之學術思想權威，可見它在印
度具有劃時代之價值！

佛在世時，以一音宣妙法，世尊滅後百年分門立派共衍生本
末二十支分派，門戶雖多，唯不離大小二乘，空有二輪。修習佛
法理應究其根本，何者為本？因佛法傳來中土，初以小乘成實俱
舍二宗為空有之代表，說空不能離有，談有又豈可不言空，既然
二者代表小乘空有二宗之權威又豈能不加以研習？此外，「俱舍
宗」義乃大乘唯識學之根，猶木之本也，因為「俱舍宗」之七十
五法中為大乘唯識學日後發展成百法之根，故習大乘有宗者，又
豈能不習俱舍？故歐陽竟無說：「學唯識法相學，應學「俱舍學」，
如室有基，樹有其本。」[13]由此可見，「俱舍學」實有其價值之所在。

從地位來說，本宗上依印度世親論師之論而開頭，在印度算

---

13 歐陽竟無著：〈阿毗達磨俱舍論敘〉，《俱舍論研究》（上冊），收入張曼濤
主編《現代佛教學術叢刊（第 22 冊）。台北：大乘文化出版社，1978，頁 11。

是劃時代之偉大思想，欲探討小乘或部派思想，研究本宗是必然的，不可或缺的。因為他的理論主要闡發「說一切有部」的思想，本宗的理論已達登峰造極之小乘法座，捨短取長，不偏不黨，辭義善巧，理致清高，當之無愧。在中國各師對本宗推崇備致，評價亦高。高僧盧山慧遠法師在《出三藏記集序》中說：「遠亦實而重之。敬慎無違。然方言殊韻難以曲盡。」[14]東晉道安在《阿毘曇序》中說：「阿毘曇者，秦言大法。」[15]

在《出三藏記集》序卷第十中更說：

> 余欣秦土忽有此經，挈海移岳，奄在茲域，載玩載詠，欲疲不能，……然後乃知大方之家富，昔見之至夾也，恨八九之年方闚其牖耳。[16]

再看玄奘的高徒普光在《俱舍論記》的評說：

> 斯論。乃文同鈎鎖結引萬端。義等連環始終無絕。採六足之綱要。備盡無遺。顯八蘊之妙門。如觀掌內。雖述一切有義。時以經部正之。論師據理為宗。非存朋執。遂使九十六道。同翫斯文。十八異部。俱欣祕典。自解開異見部製群分。各謂連城。齊稱照乘 唯此一論。卓乎迥秀。猶妙高之據宏海。等赫日之暎眾星。故印度學徒。號為聰明論也。[17]

---

14 《大正新脩大藏經》第五十五冊 No. 2145《出三藏記集》序卷第十，頁0072c27(10)－0072c28(01)。
15 《大正新脩大藏經》第二十六冊 No. 1543《阿毘曇八犍度論》，頁0771a06(00)。
16 《大正新脩大藏經》第五十五冊，No. 2145《出三藏記集》序卷第十，頁0073c23(02)－0073c25(03)。
17 《大正新脩大藏經》第四十一冊 No. 1821 《俱舍論記》卷第一，頁0001a14(06)－0001a22(01)。

　　從而得知，中國佛教之領袖對本宗的義理拜服至極，自愧不如。自此，俱舍一宗在中國受到了各名僧大力推崇，而盛極一時。直至唐代，此宗與「唯識宗」合流，研究有宗者倡言「七年俱舍三年唯識」之說，從而奠定「俱舍宗」之地位。

　　印順法師曾說，俱舍一宗之義理是部派劃時代之作品，研究唯識、阿含經、大乘教理、部派佛教、毘曇作品，甚或日本佛教等，皆須研究「俱舍宗」不可。此宗在西藏黃教教派為必修之學。現代台灣眾多佛學院也將此宗義理納入必修之課，其地位可見一斑。

論俱舍宗所依之典籍

中文摘要

俱舍宗乃中國佛教十大宗派之一，俱舍學的中心教義，是闡明一切色心諸法都依憑因緣而生起，破遣「外道」凡夫所執的人我見，令斷惑證理，脫離三界的繫縛。俱舍宗所依之典籍，經為四阿含經，論除依《俱舍論》外，傍依北傳《七論》、《大毗婆沙論》、《阿毗曇心論》及《雜阿毗曇心論》。研習俱舍當能完全掌握小乘各派義理之來龍去脈，這不單對原始佛教有清晰認識，而且對大乘各宗，尤其唯識宗，以及世親之思想發展了解得更全面。故歐陽竟無先生在阿毘達磨俱舍論敘曰：「唯識法相學，應學俱舍學。木有其本，室有其基，親有其襯。……曰捨有部義取經部義、曰捨經部義取俱舍義、曰捨餘部義取俱舍義、曰捨俱舍義取大乘義……」由此可見，研習俱舍宗所依之典籍，應為我輩學人所值得重視之。

關鍵詞：大毗婆沙論　四阿含經　阿毗曇心論　俱舍宗　俱舍論

　　「俱舍宗」的組織與教學十分精密，而所依之經為《四阿含經》，論為《六足一身論》、《阿毗曇心論》、《雜阿毗曇心論》、《大毗婆沙論》及《俱舍論》等。佛教從根本大眾部及上座部分裂成

二十個部派。從上座部出之「說一切有部」被視為正統，活躍於迦濕彌羅國。世親出家於一切有部，對有部、經部三藏甚為通透。其後更冒險潛進迦濕彌羅國學習有部教義達四年之久。他返回本國即依一切有部所依之經論講授《大毗婆沙論》，整理後寫成六百俱舍頌及論釋八千頌，而造《俱舍論》流傳後世。世親之《俱舍論》依法救尊者之《雜心論》而造，而《雜心論》是依《六足一身論》而製成，由此可知，《俱舍論》是依一切有部之作品為根而加以改良之產物是不可置疑的。

　　此宗依《俱舍論》而立宗，故名「俱舍宗」。「俱舍宗」除依《俱舍論》外，兼奉《四阿含經》為宗旨，傍依北傳《七論》、《大毗婆沙論》、《阿毗曇心論》及《雜阿毗曇心論》等。茲簡述諸經論之要義如下：

一、四阿含經

　　此宗除以《俱舍論》為正論外，其餘所依之經有四：（一）長阿含經、（二）中阿含經、（三）雜阿含經、（四）增一阿含經，此為漢譯《四阿含經》(以下簡稱《四阿含》或《阿含經》。阿含意譯法歸、法藏、傳教、教法、無比法、趣無、知識等義，其義約為所傳承的教說或集其大乘的經典。《四阿含》的內容甚豐，但歸納而言，亦不出四諦、十二因緣、五蘊、十二處、十八界三科之教理。從實踐階位而言，以三十七道品而得解脫。《四阿含》指北傳漢譯之四部原始佛教之根本經典，亦是一切小乘經之分類，四部名稱依其經文之體裁而命名。《四阿含》是分別經纂，依其篇幅長短以及形式上和法數的關係，亦同時兼顧各經所說之義理及範

圍而作出分類。據學者考證，《阿含經》的主要內容始於佛滅之後九十日結集而成，所有材料都經釋尊弟子審定及通過口頭傳承而流傳後世。

　　《四阿含》的具體內容：《長阿含》以表揚佛教之特色，指出外道異說；《中阿含》以深入四聖諦法，辨析空理，破惑除痴；《雜阿含》以「能」、「所」、「所為」三方面，作出分析，區別事物；《增一阿含》則以眾生之悟性深淺，循序漸進而為其說法。《阿含經》文簡樸實，可直截了當體會釋迦傳統教化思想之模式。

　　近代學者對《四阿含》之研究，乃以西方學者為先驅，而由日本學者作進一步之論究。其成果雖豐碩，然大抵皆較偏於巴利聖典之研究，而忽略其他語文之原始聖典。漢譯四阿含因卷帙浩繁、篇章重複、詞語反覆、譯文拙澀等因素而較不普及，故我國近代佛學之研究，認識阿含經典之重要後，乃趨向於阿含思想之探討。以雜阿含為例，現存本由於內容不完整，且次第紊亂、脫落，加以經文生澀難懂，近代學者遂重新整理本經。《四阿含》的內容，茲列簡表如下：

四阿含經內容簡表				
經　名	卷　數	譯　者	名稱由來	主要內容
長阿含	二十二卷	後晉佛陀耶舍，竺佛念共譯。	篇幅較長的經文，名長阿含。	簡別外道異說，表揚釋教之優點。
中阿含	六十卷	東晉瞿曇僧伽提婆譯。	結集篇幅是中等的經文，名中阿含。	以辨析空理，破惑除痴，深入四聖諦法。

雜阿含	五十卷	劉宋求那跋陀羅譯。	內容複雜，集為同類，名雜阿含。	以「能」、「所」、「所為」三方面，區別事類。
增一阿含	五十一卷	東晉瞿曇僧伽提婆譯。	從一數增至十一，名為增一阿含。	隨眾生之根基而說法，多說布施至涅槃之道理漸次徹入。

二、六足一身論

　　六足一身論是有部宗所依之論典，分別為《阿毗達磨集異門足論》、《阿毗達磨毗法蘊足論》、《阿毗達磨施設足論》、《阿毗達磨識身足論》、《阿毗達磨界身足論》、《阿毗達磨品類足論》、《發智論》。初六論中，以舍利子所造之《阿毗達磨集異門足論》為首，其餘五足與前論義門同等狹隘，故稱足論。六論中之作者及其先後次第有三說，玄奘舊傳一說、稱友釋《俱舍論》又一說、西藏他拉那他及布通等又傳一說。身論是指《發智論》，文義具足，義門完備，故取名身論。七論中為「說一切有部」之根本教義，其論除以有部學說為基本內容外，並兼論當時部派佛教之間所爭論之問題。《發智論》的集雜、結、智、行、四大、根、定、見等八蘊，依此而作俱舍頌論。茲將七論簡介如下：

（一）阿毗達磨集異門足論

　　阿毗達磨集異門足論：凡二十卷，印度舍利子造，唐玄奘譯。

又作「說一切有部」集異門足論（略稱集異門足論），為阿毘達磨六足論之一。本論係舍利子為預防佛陀入滅後之諍論而作，計分十二品：第一緣起品，明示舍利子代佛陀結集法律之緣起。自第二之一法品至第十一之十法品，明示一法乃至十法之法門。第十二讚勸品，明示佛陀之印可。此論常引法蘊足論，故必作於是書之後。又廣本有一萬二千頌，今流傳者為八千頌。此外，有關本論之作者另有異說。

（二）阿毘達磨法蘊足論

阿毘達磨法蘊足論：凡十二卷，印度大目犍連造，唐玄奘譯。又稱說一切有部法蘊足論（略稱《法蘊足論》）。全書共分二十一品，即：學處品、預流支品、證淨品、沙門果品、通行品、聖種品、正勝品、神足品、念住品、聖諦品、靜慮品、無量品、無色品、修定品、覺支品、雜事品、根品、處品、蘊品、多界品、緣起品。本論與巴利文論藏中之七論比較，內容甚為相似。

（三）阿毘達磨施設足論

阿毘達磨施設足論：小乘有部根本論藏之六足論之一。全稱阿毘達磨施設足論。唐玄奘三藏譯出六論中之五部，尚未譯及此論便止。舊譯《俱舍論》卷一以下名此論為分別假名論，舊譯婆沙論亦往往有所引用。北宋法護等所譯之施設論七卷，即此論之節譯本。施設足論之完整本，今唯有西藏本，存於丹珠爾中，其內分：1.世間施設，2.因施設，3.業施設。漢譯之施設論即其第二因施設，然亦非全譯。本論之作者，或謂大迦多衍那，或謂係大目犍連所造。

（四）阿毘達磨識身足論

阿毘達磨識身足論：凡十六卷，印度提婆設摩（意譯天寂、賢寂）造，唐玄奘譯，略稱《識身足論》。本論說明識心與肉身相應具足，應如法修行。有七千頌，分為六品，即：目犍連蘊、補特伽羅蘊、因緣蘊、所緣緣蘊、雜蘊、成就蘊。初品建立「說一切有部」之教義，論破目犍連之「過去無體現在有體說」；第二品論破補特伽羅論者之有我說；第三品以下敘述教義，說明法有我空之理。

（五）阿毘達磨界身足論

阿毘達磨界身足論：凡三卷，印度世友造，唐玄奘譯於龍朔三年（663），略稱《界身足論》。本論分為二品，即：1.本事品，敘說十大地法、十大煩惱地法、十小煩惱地法、五煩惱、五見、五觸、五根、五法、六識身、六觸身、六受身、六想身、六思身、六愛身等。2.分別品，略分十六門，廣立八十八門，分別心所與五受、六識、無慚無愧等之相應不相應，及蘊、處、界與心所之相應不相應。

（六）阿毘達磨品類足論

阿毘達磨品類足論：凡十八卷，印度世友造，唐玄奘譯，略稱《品類足論》。係因五法、五蘊、十二處、十八界等法雖眾多而流類不同，本論乃隨品類，而條貫義理，收攝一切法，周圓滿足而不亂。計有八品，即：辯五事品、辯諸智品、辯諸處品、辯七事品、辯隨眠品、辯攝等品、辯千問品、辯決擇品。

（七）阿毘達磨發智論

阿毘達磨發智論：凡二十卷，佛滅後三百年，印度迦多衍尼子造，唐玄奘譯，略稱《發智論》。本論則文義具足，故以身譬喻之，稱為身論。七論為「說一切有部」宗之根本論。本論以「說一切有部」學說為基本內容，兼論當時部派佛教間有爭論之各類問題。共立八蘊，即：1.雜蘊，說明四善根、四聖果、有餘涅槃、無餘涅槃等種種法。2.結蘊，說明三結、五蓋等種種結使。3.智蘊，說明聖者斷除惑障，而得無漏之智。4.業蘊，說明身、口、意三業所起之善惡諸行。5.大種蘊，就三世說明四大種所造之善惡色法。6.根蘊，就四果及三世說明六根、五根等色法。7.定蘊，說明三界諸天之定與二乘所修之定有種種不同。8.見蘊，說明凡夫外道之斷、常二見及六十二見等種種之見。

三、大毘婆沙論

《大毘婆沙論》則是佛教第四次結集之作品，全論共有二百卷。毘婆沙梵文是「VIBHASA「的音譯，意為廣解之意，全稱《阿毘達磨大毘婆沙論》，簡稱《毘婆沙論》，是北印度五百大阿羅漢等撰，以解釋和宣傳《發智論》的大型著作及小乘「說一切有部」所依之論藏。唐三藏玄奘法師譯，顯慶四年（659）譯出，通行本有《大正藏》本等。一般認為，它是解釋迦多衍尼子所造的《阿毘達磨發智論》為主的一部巨論。此論是何時形成？雖有異說，但一般認為是在迦膩色迦王時結集而成的。全書依《發智論》之

體系編纂而成，共分八蘊，即《雜蘊》、《結蘊》、《智蘊》、《業蘊》、
《大種蘊》、《根蘊》、《定蘊》、《見蘊》等內容。詳見下表：

八蘊	
名目	內容
雜蘊	說明心理與宇宙現象存在的關係。
結蘊	是指精神與物質之世界，由於一切「見」所引起之煩惱。
智蘊	說明各種智可以消除各種不同的煩惱。
業蘊	是說明結、智兩蘊如何形成。
大種蘊	是指雜蘊中精神與物質世界相互解說成就之關係。
根蘊	將各根性的心理、生理相互解說成就之關係。
定蘊	在說明無願、空相、般若智與禪定，指示智蘊消除結蘊。
見蘊	以佛陀之四諦正見，以破外道之邪見。

　　世親以有部迦濕彌羅師[1]之正統見解，廣納各見，並對世友、
法救、妙音、覺天四大論師及犍陀羅師[2]的解說作了批評之外，更
根據《大毗婆沙論》批判《發智論》八蘊之理論觀點，並全面及
有系統地總結了「說一切有部」的理論主張。不單如此，同時對
佛教內部派別，例如法藏部、化地部、犢子部、飲光部、分別說
部及外道如數論、勝論、順世論，耆那教等的觀點進行了嚴厲之
批駁，可說是，有部教理之集大成者，東方系代表之作也。如《光
記》云：毘婆沙者，毘名為廣、勝、異之義，婆沙名說，謂彼論
中，分別義廣，故名廣說。說義勝故，名為勝說。五百羅漢，各

---

1 代表東方系，又稱東方師，由迦旃延的弟子組成。
2 代表西方系又稱西方師、外國師、舊阿毗達磨師。

以異義，解釋法智，名為意說。由於婆沙論之編輯，令部派佛教義理廣為宣揚，對大乘佛教亦產生極大影響。

大毗婆沙論主張「三世實有」、「法體恆存」，是部多元實在論書籍。七論與婆沙之內容，詳見下表：

《六足一身論》及《大毗婆沙論》[3]		卷數	作者	譯者	年份
論　　　名		卷數	作者	譯者	年份
（1）六足論	阿毗達磨集異門足論	二十卷	尊者舍利子說	唐玄奘譯	佛世時
（2）六足論	阿毗達磨毗法蘊足論	十二卷	尊者大目犍連造	唐玄奘譯	佛世時
（3）六足論	施設足論	未傳譯	大迦多衍那造	缺　　譯	佛世時
（4）六足論	阿毗達磨識身足論	十六卷	提婆設摩造	唐玄奘譯	佛滅百年間
（5）六足論	阿毗達磨界身足論	三卷	尊者世友造	唐玄奘譯	佛滅四百年間
（6）六足論	阿毗達磨品類足論	十八卷	尊者世友造	唐玄奘譯	佛滅四百年間
（7）一身論	阿毗達磨發智論	二十卷	迦多衍尼子造	唐玄奘譯	佛滅四百年間
（8）大毗婆沙論		二百卷	五百聖眾	唐玄奘譯	佛滅六百年間

從一至七論坊間稱其六足一身論，首三論者，為釋迦牟尼在

3　參見楊白衣：〈俱舍要義〉，《俱舍論研究》(上冊)，收入張曼濤主編：《現代佛教學術叢刊》(第 22 冊)（台北：大乘文化出版社，1978 年），頁 125。

世時依次由舍利子說，大目犍連及大迦多衍那造；次一論是釋尊
滅度約一百年後由弟子提設摩所造；第五至七三論是釋尊滅度後
約四百年（另一說為五百年）後由尊者世友所造；而大毗婆沙論
是釋尊滅度後約六百年後由五百聖眾加以結集。對於上述七論又
不同於分別說部[4]之南傳七論。南傳巴利文系之上座部七論為：
（一）人施設論、（二）界論、（三）法聚論、（四）分別論、（五）
雙論、（六）發趣論、（七）論事。詳見下表：

南傳七論[5]	
論名	內容
《法集論》	又稱《法聚論》。本書之首列舉善法、不善法、無記法以下一百二十二門的論本母（即論的主題）和漏法、無漏法以下四十二門的經本母（即經的主題）。正文分為四品（又稱四章）：《心生起品》、《色品》、《概說品》、《義釋品》。對散見於《阿含經》中的術語，如五蘊（色、受、想、行、識）等加以組織、整理、定義和細緻的辨析。在「七論」中，它是最早產生的、基礎性的論書。書首所列的論母一百二十二門（即一百二十二個論本母）被《分別論》、《界論》、

4　分別說部，指的是佛滅後三百年間，統一的上座部中自從「說一切有部」分
　出以後，剩下的那部分「根本上座部」（略稱「本上座部」），因主張對未盡的
　教理作分別論究而得名。一般認為，「說一切有部」和分別說部是上座部最初
　分裂時形成的兩大支派。但古印度清辨《異部宗精釋譯》（藏譯本）和西藏多
　羅那他《印度佛教史》（有漢譯本）則將「說一切有部」、犢子部和分別說部
　自分別說部，是分別說部下面的四小部。由於分別說部主要是在斯里蘭卡發
　揚光大的，故後世一般將傳到斯里蘭卡的那部分上座部佛教稱為分別說部，
　又稱「南傳上座部」。傳今的巴利文三藏就是南傳上座部的經典。分別說部的
　論典有七部，略稱「七論」。看作是上座部下的三大支派，並認為化地部、飲
　光部、法藏部和傳到斯里蘭卡的銅碟部（又稱「紅衣部」）出自分別說部，是
　分別說部下面的四小部。
5　賴永海主編：《中國佛教百科全書‧經典卷》（上海：古籍出版社，2000 年），
　頁 54－55。

	《雙論》和《發趣論》所引用。日文版《南傳大藏經》中的《法聚論》共有七冊，近代范東寄將其中的第一冊譯成漢文，仍題名為《法聚論》，有《普慧大藏經》、《大藏經補編》本行世。它的全本由今人郭哲彰譯出，收入台灣出版的《澤譯南傳大藏經》第四十八冊。
《分別論》	本書是《法聚論》的續作。全書分為十八品（又稱「十八分別」）。依次為：《蘊》、《處》、《界》、《諦》、《根》、《緣行相》、《念處》、《正勤》、《神足》、《覺支》、《道》、《禪定》、《無量》、《學處》、《無礙解》、《智》、《小事》、《法心》。其中前十五品（即《蘊品》至《無礙解品》多由有經分別、對法（論）分別、問分三段組成；末三品（即《智品》、《小事品》、《法心品》）則由論母和廣釋二段組成。它的全本已由今人郭哲彰譯出，收入台灣出版的《漢譯南傳大藏經》第四十九冊、第五十冊。
《界論》	又稱《界說論》。全書分為十四品，對蘊、處、界等法的攝與不攝、相應與不相應關係，特別是與心識、情感、善惡有關的各類名詞術語，如五根（眼、耳、鼻、舌、身）、五塵（色、聲、香、味、觸）、六識（眼識、耳識、鼻識、舌識、身識、意識）等的定義、組合和關聯展開了討論。本論的內容與漢譯《品類足論》卷三、卷八至卷十、卷十八，以及《眾事分阿毗曇論》卷二、卷六、卷七、卷十二所述大體相近。有覺音的《界論注》加以注釋。它的全本已由今人郭哲彰譯出，收入台灣出版的《漢譯南傳大藏經》第五十冊。
《人施設論》	本書將《阿含經》中有關「人施設」（即人我）的各種論述，按一法至十法的增支分類編排，正文則對這些論母（名詞概念）進行具體的辨析和解說。本論的內容與漢譯《舍利弗阿毗曇論》中的《人品》，以及《集異門論》十分接近。它的全本已由今人郭哲彰譯出，收入台灣出版的《漢譯南傳大藏經》第五十冊。

《雙論》	又稱《雙對論》。全書分為十品：《根本雙論》、《蘊雙論》、《處雙論》、《界雙論》、《諦雙論》、《行雙論》、《隨眠雙論》、《心雙論》、《法雙論》、《根雙論》。其中第一品《根本雙論》和第八品《心雙論》只有施設分（包括總說和義釋）；第七品《隨眠雙論》分為七分：隨增分、有隨眠分、斷分、遍知分、已斷分、生分、界分；其餘各品均分為三分：施設分、轉分、遍知分。書中用問答的方式，對諸法（指佛教名詞術語）的定義及相互關係進行了闡述。它的全體已由今人郭哲彰譯出，收入台灣出版的《漢譯南傳大藏經》第五十一冊至第五十三冊。
《發趣論》	又稱《發趣大論》。通行本有台灣版《漢譯南傳大藏經》本等，正文由二十四發趣（即二十四品）組成。即先分為四會：順發趣、逆發趣、順逆發趣、逆順發趣。每一會之下，又開展出六種發趣：三法發趣、二法發趣、二法三法發趣、三法二法發趣、三法三法發趣、二法二法發趣。從而構成二十四發趣。對事物興起的各種因緣條件等有關的名詞術語展開了詳細的論述。
《論事》	又稱《論事說》。通行本有台灣版《漢譯南傳大藏經》本等。全書分為二十三品，每品下設論，共有二百十七論。對西元前三世紀僧團中的各種論爭作了記敘，批駁了大眾部、「說一切有部」等所持的二百一十九種見解，同時闡明了分別說部的觀點。如：過去、未來法無實體；四諦（苦諦、集諦、滅諦、道諦）可以頓得現觀；緣起無為；三界（欲界、色界、無色界）無「中有」；阿羅漢無退（證得阿羅漢後不會退轉）；補特伽羅無我（即人無我）；三乘（聲聞、緣覺、菩薩）修道不同等。有覺音的《論事注》為之注釋。

在分別說部「七論」中，除《論事》一書，是阿育王時目犍連子帝須為記敘當時佛教僧團內部的紛爭，確立自己一派的正統

地位而編纂以外，其餘六論都托稱出自「佛說」。但實際上，它們
都是以契經（《阿含經》）的材料為基礎，加以自己的理解，重新
組織的。其中部份成立較晚，如《雙論》。據對勘發現，《分別論》
與「說一切有部」的《法蘊足論》，《界論》與有部的《界身足論》，
《發趣論》與有部的《識身足論》在討論的主題上有相似之處。

　　分別說部的上述「七論」，大概在西元前二世紀後葉已經存
世，因為稍後形成的《彌蘭陀王問經》已經提到「五尼柯耶」和
「七論」的名稱。此後，分別說部又撰作了一些論典，其中最為
有名的是兩部：一是西元二世紀斯里蘭卡僧人優波底沙著的《解
脫道論》，二是西元五世紀印度僧人覺音在斯里蘭卡撰的《清淨道
論》[6]。

四、阿毗曇心論

　　《阿毗曇心論》（略稱《心論》），法勝音譯達磨尸梨帝，西域
吐火羅縛蝐國人。縛蝐應為縛蝎(或喝)，即現今之「Balkh「，是
古代吐火羅政治中心之月氏重鎮。據西藏史學家之傳說，法勝已
證阿羅漢，因厭惡四眾紛爭而北往，有關其出生年代及事蹟，眾

6　《清淨道論》今人葉均譯，通行本有中國佛教協會刊行本。本書是在《解脫
　　道論》的基礎上廣作增訂補充而成的。全書分為二十三品，前二品（《說戒》、
　　《說頭陀支品》）說戒；中間十一品（《說取業處》、《說地遍》、《說餘遍》、《說
　　不淨業處》、《說六隨念》、《說隨念業處》、《說梵住》、《說無色》、《說定》、《說
　　神變》、《說神通品》）說定；後十品（《說蘊》、《說處界》、《說根諦》、《說慧
　　地》、《說見清淨》、《說度疑清淨》、《說道非道智見清淨》、《說行道智見清淨》、
　　《說智見清淨》、《說修慧之功德品》）說慧。對戒、定、慧的定義、種類、修
　　持方法、福德等進行了詳細完備的論述，為南傳上座部佛教教理的集大成者。

說紛紜。《心論》為印度法勝比丘所造，東晉僧伽提婆及慧遠合譯之作。《心論》以發智論、六足論為基礎，及後編集《大毗婆沙論》便確立了「說一切有部」之立場。法勝有鑒於婆沙教義廣博，為利益眾生便於學習，於西元 250 年將其義理寫成 250 偈語，可說是對小乘佛教作基本概念一總結。其中包含有漏、無漏、色法、十八界、十二因緣、三十七道品等論述。其後釋論曾出數部，在印度習此論者亦風靡一時。東晉孝武帝太元九年（384）僧伽提婆將其譯為中文，唯因符秦末年戰亂頻生，故譯事倉卒，方言未熟，文義不全。其後僧伽提婆東入洛陽，通曉漢言，自知前譯多有違失，於是重訂譯文，決意南渡江南，慧遠迎其入廬山，於東晉孝武帝太元十六年（319）重譯《心論》濃縮為四卷，慧遠作序讚揚。其中異譯本有北齊那連提耶舍與法智共譯之《阿毗曇心論經》六卷，又劉宋僧伽跋摩等譯出《雜阿毗曇心論》十一卷，皆收入《大正藏》第二十八冊。

　　《心論》傳入中國對阿毗達磨的發展貢獻甚大。其中是創作偈頌，以「少文攝多義」，便於記憶。另本論之特色，是依四諦組織概括《阿毗達磨經》之精神及宗要。本論在印度極受有部師所推崇，注解此論，後出數家。其後有論師法救兼採「婆沙」之說，將此論內容加以增補，遂成《雜阿毗曇心論》，雖有調和諸家論爭之意，但仍遭「婆沙師」歧視。《心論》重譯後為諸賢在廬山樹立佛學了義之先聲，時人爭相學習。至於，法勝的《阿毗曇心論》改編自《甘露味論》之言論，偈頌是出於創作的，長行大多數為《甘露味論》原文，略有潤飾及修正與補充。近代學者比對兩者之原文，皆表認同，似無異議。試比對一節，以作明證。詳見下表[7]：

7　參見印順法師：《說一切有部為主的論書與論師之研究》（台北：正聞出版社，2002 年），頁 493－494。

《阿毘曇心論》與《甘露味論》行品之比較	
甘露味論行品	阿毘曇心論行品
「是諸法有四相：起、住、老、無常」。 問：若有四相，是應更復有相？答：更有四相，彼相中餘四相俱生：生為住，住為住，老為老，無常為無常」。 「問：若爾者不可盡」！ 「答：展轉自相為」。	「一切有為法，生住變異壞」。 「一切有為法，各各有四相：生、住、異、壞。世中起故生，已生自事立故住，已住勢衰故異，已異源故壞。此相說心不相應行」。 「問：若一切有為法各有四相者，是有為法復有相？答：是亦有四相。彼相中餘四相俱生：生為生，住為住，異為異，壞為壞」。 「問：若爾者便無窮」！ 「答：展轉更相為」。 「此相各各相為，如生生各各相生，住住各各相住，異異各各相異，壞壞各各相壞：是以非無窮」。

次從「心論」的組織次第來比較兩者之異同：

《阿毘曇心論》與《甘露味論》組織次第之比較[8]	
阿毘曇心論	甘露味論
界　品	陰持入品
行　品	行　品
業　品	業　品
使　品	結使禪智品
賢聖品	三十七無漏人品
智　品	智　品
定　品	禪定品・雜定品
契經品	餘八品
雜　品	雜　品

8　參見印順法師：《說一切有部為主的論書與論師之研究》（台北：正聞出版社，2002 年），頁 494－495。

再從論義與組織的特色來說明兩者之立場：

《心論》是依《甘露味論》而改編的，但法勝對《甘露味論》部分義理不完全同意的，並採取了修正。詳見如下：

一、從論義說：《心論》不同於《甘露味論》而順毘婆沙師的，如不立「九無學」而立「六種」，不立「六修」而說「二修」。然從全論的意趣來說，每與《甘露味論》不合，異於毘婆沙師正義，更傾向於「說一切有部」的異師。（一）採取妙音說的，如暖頂通於欲界，宿命通「六智」攝。（二）採取外國師說的，如立「八纏」，色界十七天不立大梵而立無想處。（三）採取《大毘婆沙論》中異師之說，如菩提分實事唯十，十六行相外，別有無漏行相，無諍智通四禪及欲界及命根通非異熟。（四）又如行相通於一切心心所；三空處三十一道品，有頂二十一道品，三地有願智，法辯辭辯一等智，應辯義辯通「十智」。此皆與毘婆沙師之義不合，與《甘露味論》不同。《心論》不但同情西方、外國師說，「說一切有部」的異義。而且上座別系分別說者的論義，也有所採用。如稱中間禪為無覺少觀，與銅鍱部同。意業無教，同於《舍利弗阿毘曇論》。無教假色，是順於經部譬喻師的。正法滅時失律儀，《大毘婆沙論》稱為「持律者說」，實與法藏部相同。法藏部，本是重律的學派。在這些論義中，最重要的是「無教假色」，這是背離阿毘達磨者的立場，而隨順當時大為流行的經部。從阿毘達磨論的發展來看，存有背棄「說一切有部」的意圖，故《心論》可說是世親《俱舍論》的先聲了。

二、從組織來說：法勝的《心論》，對古型的阿毘達磨，是十分重視的。每品的名稱，如「界品」，「業品」，「智品」，「定品」，都見於《舍利弗阿毘曇論》。《舍利弗阿毘曇論》有「煩惱品」與

「結品」,「發言論」也稱為「結蘊」;《心論》依《甘露味論》
——取《品類論》說,立為「使隨眠品」。《舍利弗阿毘曇論》
有「人品」,《甘露味論》立「三十七無漏人品」,《心論》改名「聖
賢品」。「行品」,是依《甘露味論》。《心論》前七品的組織次第,
比起《甘露味論》,更為簡明,并然有序。

說到品目的的前後,《品類論》的「辯五事品」與「辯諸處品」,
統攝法數而作諸門分別。「辯七事品」明相攝相應。這種次第,本
淵源於《舍利弗阿毘曇論》。《舍利弗阿毘曇論》的「問分」、「非
問分」,除去纂集部分,也就是統列法數,諸門分別。其次是相攝
相應,因緣相生。《甘露味論》初立「陰持入品」(《心論》改名「界
品」),統列法數,諸門分別,以此攝一切法。次立「行品」,明四
相相為,心心所相應(附論不相應),四緣六因相生。《心論》的
組織次第,前二品大體與《甘露味論》一致。如改「陰持入品」
為「界品」(界,就是持的異譯),內容相同,「界品」末了,增一
「諸法攝自性」頌。這說明上來是從攝自性的論究中完成的;如
以上說為自相、共相,那「諸法攝自性」頌,就是攝相。此下「行
品」,就是相應相、因緣相了。這兩品,總攝了阿毘達磨(古典)
的重要論門——自相、共相、相攝、相應、因緣。阿毘達磨論
者,又從古典的隨類纂集(施設)開展了一一論題業、結(使)、
定、智、根、大、見、人等的一一論究。《品類論》的「智品」、「隨
眠品」;《發智論》的八蘊,除「雜蘊」外,都是從這類別的研究
而來。現在,《心論》以前二品,概括了阿毘達磨的總相分別——
通論一切法的體用。再以「業」、「使」、「聖賢」、「智」、「定」
——五品,為阿毘達磨的分別論究別說有漏無漏。這一組合,
結合了、統攝了阿毘達磨的一切論義。在組織上,《心論》雖與《甘
露味論》的意趣不合,但確有獨到之處,這所以成為後代論師造

《雜心論》、《俱舍論》的軌範了[9]。慧遠在《阿毘曇心序》中，對
毗曇的核心著作《心論》有如下的評述：

> 阿毘曇心者。三藏之要頌。詠歌之微言。管統眾經領
> 其宗會。故作者以心為名焉。有出家開士。字曰法勝。淵
> 識遠覽極深研機。龍潛赤澤獨有其明。其人以為阿毘曇
> 經。源流廣大難卒尋究。非贍智宏才。莫能畢綜。是以探
> 其幽致別撰斯部。始自界品訖於問論。凡二百五十偈。以
> 為要解。號之曰心。其頌聲也。　擬象天樂若雲籥自發。
> 儀形群品觸物有寄。若乃一吟一詠。狀鳥步獸行也。一弄
> 一引。類乎物情也。情與類邊。則聲隨九變而成歌氣與數
> 合。則音協律呂而俱作。拊之金石。則百獸率舞。奏之管
> 絃。則人神同感。斯乃窮音聲之妙會。極自然之眾趣。不
> 可勝言者矣。又其為經標偈以立本。述本以廣義。先弘內
> 以明外。譬由根而尋條。可謂美發於中暢於四枝者也。發
> 中之道要有三焉。一謂顯法相以明本。二謂定己性於自
> 然。三謂心法之生必俱遊而同感。俱遊必同於感。則照數
> 會之相因。己性定於自然。則達至當之有極。法觀。則睹玄路
> 之可遊。[10]

慧遠認為，《心論》的組織結構的特色在前八品中闡述，包括三個
方面：顯法相以明本，定己性於自然，心法之生必俱游而同感。
故該論確實以解明法相為根本，而使人們領會佛教的基本教義，
「法相顯於真境，則知迷情之可返；心本明於三觀，則睹玄路之

9　印順法師：《說一切有部為主的論書與論師之研究》（台北：正聞出版社，
　　2002），頁 509。

10　《大正新脩大藏經》第五十五冊 No. 2145《出三藏記集》，頁 0072c01－
　　0072c21。

可遊。」[11]由此可見，闡述一切法相，不能光說形而脫離其本質的「自性」，必須「定己性於自然」，而「則達至當之有極」，即算是真正了解法相，了解宇宙。

五、雜阿毗曇心論

　　法救尊者造《雜阿毗曇心論》又譯《雜阿毗曇毗婆沙》、《雜阿毗曇婆沙》、《雜阿達磨論》，簡稱《雜心論》，是「說一切有部」之重要經典。法救鑒於《大毗婆沙論》之典籍浩瀚難解，故精簡法勝《阿毗曇心論》之要義再加序品、擇品及三百五十偈而成六百餘偈之《雜阿毗曇心論》。劉宋時僧伽跋摩於元嘉十二年（435）由寶雲傳語，慧觀筆受，譯出此論。前人法顯與迦維羅衛禪師覺賢於東晉安帝義熙末（417-418）共譯十三卷。

　　本論作者法救是北印犍陀羅國人，屬於「說一切有部」的名僧，生於布路沙邏城，距佛滅若九百年，故推算他是西元四世紀中的人。法救通有部各家教理，為調和內部之衝突，在伽藍寺增補法勝的《心論》而別出《雜阿毗曇心論》。本論論主見《心論》過於簡約，又有鑒於《大毗婆沙論》過於龐雜，而折衷兩者，使篇幅適中，詳略得宜，易於理解為目的。本論的基本精神以概括《阿毗曇心論》之心要而流於尊經輕論，其文與新興的經部主張相若，以業、惑為集諦，定、慧為道諦而異於毗曇舊說。

　　《雜阿毗曇心論》在歷史上前後五次譯作漢文，對中國佛教影響不少，曾廣泛得到佛教學者珍而重之。據《雜阿毗曇心序》記載：

　　　　尊者多羅復即自廣引諸論敷演其義。事無不列列無不

11　《大正新脩大藏經》第五十五冊　No. 2145《出三藏記集》，頁 0072c02(02)。

辯。微言玄旨於是昭著。自茲之後。道隆於世。涉學之士莫不寶之以為美談。[12]

由此可見，此論曾對佛教小乘思想之轉承發揮了重大之影響。近代學者游俠對《雜阿毘曇心論》之內容有精簡的論述。[13]

本論分十一品，即（一）界品、（二）行品、（三）業品、（四）使品、（五）賢聖品、（六）智品、（七）定品、（八）修多羅品、（九）雜品、（十）擇品、（十一）論品，為方便掌握其內容與四諦之關係，簡列一表如下：

《雜阿毘曇心論》之內容										
次第品名	界品	行品	業品	使品	賢聖品	智品	定品	修多羅品	雜品	擇品	論品
內容	以蘊處界三科概論一切法。	說有為法依眾緣而成。	明有情生死流轉之因。	述業發生作用的七種煩惱。	明煩惱消滅的境界。	明自性能審觀四諦之實相。	以智生定及其種類。	說施戒修名義。	對以前諸品所說未盡之義重加抉擇。	廣加抉擇重要義理。	主要提示論議實例及義理作應用。
四諦	苦諦	苦諦	集諦	集諦	滅諦	道諦	道諦				

12　《大正新脩大藏經》第五十五冊 No. 2145《出三藏記集》，頁 0074b12(05)－0074b14(03)。

13　詳見游俠：〈雜阿毘曇心論〉，《中國佛教》第 3 輯，中國佛教協會編（上海：東方出版中心，1996 年），頁 366－368。

六、俱舍論

　　《阿毗達磨俱舍論》素有聰明論之稱，又稱《阿磨論》等，簡稱《俱舍論》。俱舍具有篋藏和刀鞘之義。作者乃人稱千部論主之世親菩薩。本論譯師為唐玄奘，共譯三十卷。《俱舍論頌》總共有六百零四頌，初三頌明造論之緣起，是為序分；中六百頌明所擇漏無漏法義，是為正宗分；末一頌勸發心、求解脫，是為流通分。世親是北印犍陀羅人，生於公元五世紀。時北印廣為流傳有部毗婆沙師為正宗，最初他亦隨眾而學習，後採經部之說，對毗婆沙師作出批評。據說，他為深入了解《大毗婆沙論》，喬裝學人入迦濕彌羅國研習，及後被有部論師悟入識破才回犍陀羅國。此後，世親陞堂說《大毗婆沙論》，每說罷一段即以頌概括其義，共成六百頌，即《俱舍論本頌》，隨後更作長行注解八千頌。由於這部論著總結有部六足、一身及婆沙論之要義，同時亦依此而製成《俱舍論》，故立其名為《阿毗達磨俱舍論》。《本頌》初傳至迦濕彌羅國時受當地學人擁戴歡迎，他們誤以為世親弘宣《大毗婆沙論》。其後，世親把頌注解成長行後才發現是批評《大毗婆沙論》。實際上這部著作不但取替當時《大毗婆沙論》的地位，而且成為「說一切有部」等小乘教派作了總的批判。[14]

　　《俱舍論本頌》以四諦為綱領，保存應有之傳統精神，它除了闡述四聖諦法外，還解說了蘊處界、二十二根、色心、心所有及不相應行法，以及六因四緣等思想。在流通分更表明《本頌》

---

14 有說《俱舍論本頌》以《阿毗達磨雜心論》為藍圖，再攝取《大毗婆沙論》之資料炮製而成篇，《俱舍論本頌》是《大毗婆沙論》之綱領提要。

以《大毗婆沙論》而闡釋阿毗達磨，並加以批評。《俱舍論疏》曰：

> 毗婆沙師傳說。如此者舉執義人。論主不皆信。諸阿
> 毗達磨師所說悉得佛意。故言毗婆沙師所傳若傳之有謬。
> 則失不在我論主。後破毗婆沙執。故先置此言也。[15]

誠然，世親在長行中則以事論事，指出《大毗婆沙論》之問題所在，長篇大論，反覆論辯。例如，他批評《婆沙》之「三世實有」、「法性恒有」，多用經部之主張破斥婆沙師，同時，又對經部師之蘊處界等亦力加破斥。由此可見，世親是本著「以理為宗」之標準而作出評論，以見其獨立持論之精神。

《俱舍論》以簡明扼要去解說有部之宗義，故能在短短六百頌將《婆沙》義理概括無遺，較之於以前同類之撰述善巧方便，精湛絕倫，因而獲《聰明論》之美譽，並風行各地，故極受後世推崇。其後，世親門人爭相撰作注疏，以破斥婆沙師所說「有善巧可通大乘階梯」之謬誤，如安慧作《真實義疏》，陳那作《要義明燈疏》，安慧子弟增滿（一說是德惠）作《隨相疏》，世友作《論疏》，稱友作《明了義疏》，靜住天作《俱舍論疏要用論》（一稱《會經疏》）。

《俱舍論》及其注疏的西藏文譯本有以下各種：一、《阿毗達磨俱舍論頌》；二、《阿毗達磨俱舍論譯》，三十卷；三、眾賢造《俱舍論疏譯》，即《顯宗論》，四千五百頌，失譯；四、陳那造《俱舍論疏要義明燈論》，四千頌；五、安慧造《俱舍論大疏真實義論》；六、增滿造《俱舍論疏隨相論》，一萬八千頌；七、稱友造《俱舍

---

15 《卍新纂續藏經》第五十三冊 No. 836《俱舍論疏》，頁 0005a15(00)－0005c09840)。

論疏明了義論》，一萬八千頌；八、靜住天造《俱舍論疏要用論》。這些譯本都收在西藏文大藏經丹珠爾之內。[16]

　　《俱舍論》在印度思想界既然發生了這樣的重大影響，有部論者自然激烈抗辯，其中有一位眾賢論師用了十二年之心血研習《俱舍論本頌》，並作了新的解釋，並駁斥了經部各說，企圖為有部翻案，其書更名為《俱舍雹論》，後經世親更名為《阿毗達磨順正理論》。由於《俱舍論本頌》是「俱舍宗」所依之主要論書，其內容龐雜，組織嚴謹，義理深邃，故此章不作詳論。

　　世親造俱舍頌論之標準，以理為依歸，對各派之見不存朋黨、摒除偏見。故取捨義理，時有批判一切有部，多取經量部之義。雖然如此，其所造之俱舍頌論見解獨特、思維廣大，不單使九十六種歧見融合，而且遂使二十部派異執共研此學，受五印內外學派推崇為《聰明論》，其論義之精細，可見一斑。茲列本頌之內容如下[17]：

俱舍頌論之品卷頌內容				
排　序	九　品	卷　數	內　容	頌　數
			歸敬序	3
1.	界　品	2	說明諸法之本體	44
2.	根　品	5	說明有無漏一切法的作用	74

---

16 詳見呂澂：〈阿毗達磨俱舍論〉，《中國佛教》第 3 輯，中國佛教協會編（上海：東方出版中心，1996 年），頁 362－363。
17 參見齊藤唯信著、慧圓居士譯：《俱舍論頌略釋》（高雄：諦聽文化事業有限公司，1997 年），頁 43。

3.	世 間 品	5	明有漏果	99
4.	業　　品	6	明有漏因	131
5.	隨 眠 品	3	明有漏緣	69
6.	賢 聖 品	4	明無漏果、別明有無漏果	81
7.	智　　品	2	明無漏因	63
8.	定　　品	2	明無漏緣	39
9.	破 我 品	1	明無我理	
			流通分	1
共 9 品		**共 30 卷**		**共 604**

　　有關《俱舍論》本頌和釋論之梵文本在天竺早期散失，只殘餘稱友所作《俱舍論釋疏》一部份之引用文句。1946 年，印度學者戈克爾，以攝錄形式携回，校勘此原本及發表。玄奘則譯出《阿毗達摩順正理論》八十卷、《阿毗達磨藏顯宗論》四十卷。其餘注疏均未曾譯，僅見奘門注譯部份口傳之說。其後，佚名者節譯安慧真實義疏起首兩品之部份，題名為《俱舍論實義疏》五卷，在敦煌卷中發現。

　　中國佛教學者在未譯《俱舍論》之前，阿毗達磨之毗曇師皆以雜心論為主，故時人稱研究此學者為雜心師。直至《俱舍論》在中土面世後，奉行者漸次改為俱舍師了。俱舍文簡義豐、辭理煩瑣，集小乘教理之精華，故單讀原文者，若語文根基不穩，佛學修為不足，亦難以理解其玄義。故古德為利益後學，加以疏注。有見於真諦譯出《俱舍釋論》，為譯眾反複解說，並著有《俱舍義疏》六十卷，以弘傳之。及後由慧愷寫成義疏五十三卷。之後道岳收錄遺稿，並將其刪減至二十二卷。次為慧淨，自通俱舍，著疏三十餘卷。往後繼有陳智愷法師疏八十餘卷，唐紀國寺惠淨法

師疏三十卷，普光寺道岳疏二十二卷，學者蔚集，疏釋輩出，研究舊俱舍者，盛極一時，宗幢高豎，號曰毗曇，與成實宗互相輝映。自玄奘從印度返國，將俱舍重譯，奘師之所以再譯俱舍之原因，蓋舊俱舍未能滿足時人之知識慾望矣。《俱舍論頌疏論本》云載：「陳朝三藏真諦法師有於嶺南。譯成二十二卷。大唐三藏。永徽年中。於慈恩寺。譯成三十卷。翻譯不同。非無所以。由前譯主未善方言。致使論文義在差舛。至如無為是因果。前譯言非。」[18]

因其解釋簡明，法相完備，更可作大乘唯識學說研習之階梯，學人甚為重視，遂形成研習新風，而奘師門人，多有注疏，如唐普光作《俱舍論記》三十卷及俱舍法宗原一卷、法盈修之俱舍頌疏序記一卷、法寶之俱舍論疏三十卷、圓暉又節略光、寶各家疏義，及解本頌並附釋第九破執我品中之各頌，撰《俱舍論頌疏》十卷、神泰作疏三十卷、慧暉之頌疏義抄六卷、遁麟之頌疏記十二卷、窺基之俱舍論鈔十卷、懷素之疏十五卷、神情之義鈔數卷、玄約之金華鈔二十卷、憬興之同疏三卷、慈恩之俱舍論鈔四卷、本立之俱舍論鈔三卷、令印之同鈔三卷等，其中以神泰、普光及法寶最為著名。蓋諸師注疏俱舍不遺餘力，新俱舍在佛教界大開燦爛之花。新譯注疏，玄奘門下，以神泰、普光、法寶三家被譽為註釋大家，其後圓暉之頌疏更能發揮文義[19]。相反，舊俱舍遂為影晦、疏釋佚散，殊為可惜！

此論在當時流傳於迦濕彌羅國，世親論師主要吸收經量部的觀點，修改有部謬誤之義理，又依經論評破有部觀點，當時內外學者、大小乘論師及學者所珍視。故欲理解部派佛教，不得不研究此論。茲列俱舍（新舊譯）、心論和雜心論三者之論品內容主要

---

18 《大正新脩大藏經》 第四十一冊 No. 1823《俱舍論頌疏論本》，頁
   0815b29(09)－0815c03(04)。
19近代學者香港唯識泰斗羅時憲教授則以圓暉之疏最為推崇。

分別如下：

陳‧真諦譯《俱舍論》（舊譯）	唐‧玄奘譯《俱舍論》（新譯）	法勝《阿毗曇心論》	法救《雜阿毗曇心論》
1.分別界品	1.分別界品(卷 1~2)	1.界品	1.界品
2.分別根品	2.分別根品(卷 3~7)	2.行品	2.行品
3.分別世間品	3.分別世品(卷 8~12)	3 業品	3.業品
4.分別業品	4.分別業品(卷 13~18)	4.使品	4.使品
5.分別惑品	5.分別隨眠品(卷 19~21)	5.賢聖品	5.賢聖品
6.分別聖道果人品	6.分別賢聖品(卷 22~25)	6.智品	6.智品
7.分別慧品	7.分別智品(卷 26~27)	7.定品	7.定品
8.分別三摩跋提品	8.分別定品(卷 28~29)	8.契經品	8.契經品
9.破說我品	9.破執我品[20](卷 29~30)	9.雜品	9.雜品
		10.論品	10.擇品[21]
			11.論品

---

20 印順法師對〈破我執品〉有以下之見解：「第九〈破執我品〉，實為世親的另一論書。前八品都稱「分別」，第九品稱「破」，是立名不同。前八品舉頌釋義，第九品是長行，是文體不一致。《順正理論》對破《俱舍論》，而沒有〈破我執品〉。這都可以證明為另一論書，而附《俱舍論》以流通的。《俱舍論法義》，舉六證以明其為別論，早已成為學界定論了。」（印順：《說一切有部為主的論書與論師之研究》。台北：正聞出版社，2002，頁 655）。

21 擇品是法救為對當時眾多論師的不同見解與諍論予以廣加簡別，以建立有部一宗之說，而別立的一品。

七、參考書目

1.楊白衣：〈俱舍要義〉，《俱舍論研究》(上冊)，收入張曼濤主編：《現代佛教學術叢刊》(第 22 冊)。台北：大乘文化出版社，1978 年。

2.賴永海主編：《中國佛教百科全書‧經典卷》。上海：古籍出版社，2000 年。

3.印順法師：《說一切有部為主的論書與論師之研究》。台北：正聞出版社，2002 年。

4.【梁】釋僧祐撰：《大正新脩大藏經》第五十五冊 No. 2145《出三藏記集》，2009。

5.游俠：〈雜阿毗曇心論〉，《中國佛教》第 3 輯，中國佛教協會編。上海：東方出版中心，1996 年。

6.【唐】沙門法寶撰：《卍新纂續藏經》第五十三冊 No. 836《俱舍論疏》，2009。

7.齊藤唯信著、慧圓居士譯：《俱舍論頌略釋》。高雄：諦聽文化事業有限公司，1997 年。

The classics of Sabhidharma-kośa

As one of the ten buddism schools，Sabhidharma-kośa advocates that all deeds originate from causes and conditions，all divisions between subject and object held by ordinary people and usual thoughts should be cleared，on the basis of which it aims at removing confusion，illuminating phenomena and make it possible to be relieved of the three realms' bondage. Sabhidharma-kośa is mainly based on the Four āgamas，besides which it has other doctrine classics as Abhidharma-kośa-śāstra，Seven śāstras Abhidharma-Jnanaprasthana-mahavibhasa-śāstra，Abhidharmahrdaya-śāstra and Sajyuktābhidharma-hrdaya-śāstra. Studying the Sabhidharma would lead to a better understanding of the development and history of Hīnayāna doctrines，which would provide a full vision of the original Buddism and also help in the comprehension of the Mahāyāna schools，especially the Vijñānavāda and the thoughts of Vasubandhu. That is why Mr Ouyang Jingwu said about the Abhidharma-kośa-śāstra，「Yog ā c ā ra and Sabhidharma-kośa should only be studied. Trees have roots，rooms have bases，fathers have their tablets ⋯ ⋯ prefer Sūtra-vādin to Sarvāsti-vādin，prefer Sabhidharma to Sūtra-vādin and other doctrines，prefer Mahāyāna to

Sabhidharma …… 「 Thus it is true that the classics of Sabhidharma-kośa should be paid more attention by today's scholars.

Key Words: Abhidharma-Jnanaprasthana-mahavibhasa-śāstra，Four āgamas，Abhidharmahrdaya-śāstra，Sabhidharma-kośa，Abhidharma-kośa-śāstra，Studies of Sabhidharma-kośa

略論基督教與佛教的人生觀

一、導　言

　　人生觀，是人對於人生的價值、意義和個人立身處世態度的一種看法或見解，古語云：「人心不同，各如其面」，由於各人的環境感受的不同，所以對人生的見解亦各異。譬如說，有人認為人生是快樂、積極；反之，有人認為是痛苦、消極。生命由何而來，往何而去？生命的價值何在？意義又何在？實值得探討。現就基督教和佛教對人生之看法，作一論述。

　　基督教與佛教同是世界五大宗教之一，兩位教主都是偉人，虛懷若谷。耶穌說博愛，釋迦言慈悲，目的只有一個，拯救世人。

　　佛說法 40 多年，一生發願，教化眾生，終日說法度生，備極艱辛；耶穌降臨人間為世人說教三年，最後獻上生命為世人贖罪。此二聖者，覺察人生之無常，致力拯救世人脫離罪惡、痛苦的深淵。然而他們對於解決方法上確有不同，但其目的是一致的。因為他們所說的都離不開人間的寬恕、包容，了解、體諒，並為人類開拓人間天堂與淨土之門。

　　本文旨在集中論述兩教在人生觀的看法，並引其本教的經典作為支持之論據，最後作一綜合之評論。誠然，本文乃屬作者個

人之體會、認識，若有不善之處，乃作者認識不足，皆與兩教觀點無關。

二、基督教的人生觀

　　基督教認為，真正的生活就是當下的生活本身，真正的人生就應該建立在當下的生活中。人生的目的就在此當下的生活中去尋求，生命的意義就在此當下的生活中去獲得。其次，基督教更認為，人類墮落後，人類從亞當夏娃那裡傳下來的自然生命中充滿了罪惡，這種罪惡使人類喪失了道德承擔的能力和直接認識上帝真理的能力。由於人類喪失了道德承擔的能力，人類就不能只靠自己的力量來解決完滿人生的問題，因為人類只靠自己的力量承擔不起自身的罪惡。由於人類喪失了直接認識上帝真理的能力，人類就不能通過自己的理性去認識到上帝的意志是什麼，從而就不能按照上帝的意志生活。因此，人類的生活中就充滿著緊張與不安。如果要擺脫這些恐懼和不安，基督徒必需建立一個正確的人生觀 —— 生命的提升。

（一）豐盛人生觀

　　耶穌死後，他的教義被集成聖言，信徒依據聖典遵守生活規範，此為後世之聖經。依基督之說：神與世人，長存世間(指精神，共存生死)，所以福音書說：

「使他們都合而為一。正如你父在我裡面，我在你裡面。」[1]

從上引文而言，人欲想成為完人，必而超越自我、時空，才能達至完美的人格，使信徒得到內、外一致的信仰，所以人、神、自然三者必需配合得當，才能發揮此種作用。因此，耶穌成為人類的精神導師，引領信徒提昇自我，古人亦有同樣之說法：

「古今之成大事業大學問者，必經過三種境界。」[2]

馮友蘭先生更把人生分為四種境界，它們是：自然境界，功利境界，道德境界和天地境界。[3]他認為哲學和宗教都有這種提高人心靈境界的作用，並說：

「宗教也和人生有關係。每種大宗教的核心都有一種哲學。事實上，每種大宗教就是一種哲學加上一定的上層建築，包括迷信，教條，儀式和組織。」[4]

雖然馮氏對宗教的看法未必人人贊同，但他卻指出無論是基督教也好或其它宗教也好，其宗教必需不斷地豐富自己的宗教，與時並進，只有這種不斷提昇才有生命力。基督教能與其它主流宗教有共同的話題，主要因為它對人的生命十分關注，聖經曾記載耶穌說：

「我來了，是要叫人得生命，並且得的更豐盛。」[5]

1　《約翰福立書》，第 17 章 21 節。
2　王國維：《人間詞話》，卷上，香港:中華書局，1961 年，頁 16。
3　馮友蘭：《三松堂全集》，卷 4，中國:河南人民出版社，1986 年，頁 549－646。
4　馮友蘭：《中國哲學簡史》，北京，北京大學出版社，1985 年，頁 3。
5　《約翰福音》，第 10 章 10 節。

又說：

「我就是生命的糧。」[6]

又說

「我就是道路，真理，生命」[7]

由此可知，聖經對人生之貧乏、豐盛，極為重視，尤其後世神學家對此發揮得淋漓盡致，以下就是一些好例子：

1.中世紀修道院全盛時期明谷的伯爾納，在其名著《論愛神》中，將人生劃分為人為己之故而愛己，人為己之故而愛神，人為神之故而愛神及人為神之故而愛己等四個階段[8]；

2.十九世丹麥思想家克爾凱郭爾曾在多部作品中說明人生提昇的重要，並把人生分成感性，倫理及宗教三個階段；

3.中世紀學術文化全盛時期的波拿文都拉，更將心靈分為6個階段。[9]

4.天主教靈修學大師聖十字若望，也提出了靈魂攀升至與主合一之過程及不同工夫。[10]

其實歷代基督教思想家也喜歡把豐盛人生的心靈作出不同層次的劃分。由此可知，基督教的人生觀對於豐盛人生看得如何重要。

6　《約翰福音》，第6章35節。

7　《約翰福音》，第14章6等。

8　B Trans。M。 Ambrose Conway and Robert Walton(kalamazoo，Michigan:Cistercian Publications，1980)pp。115-121。

9　Saint ernard of clairvaur， Treaties II:The steps of Humility and Pride， On Loving God， Bonaventura， The mind's Road to God， trans George Boas (:Bobbs-Merriall，(o，1953)， P.9 (I·6).

10　Indianapolis The collected Works of st。John of the Cross，(Washington，D·C，Institute of Carmelite Studies，1979).

　　由於基督教強調人與眾生關係之重要，因此基督教認為以積極之人生便能融通人神之關係。人神關係越是密切，其人生境界便越是高上。一如馮友蘭先生說：

　　「而聖人的最高成就是個人與宇宙的同一。」[11]

　　依馮氏看，要與神接觸，必需從人格著手，提昇個人的精神境界，從而達聖人之境。

(二) 神和人之關係

　　一個宗教能屹立不倒，不在於他有何無邊的救世良方，而在於他有沒有重視當世與人之關係。所以我們必須把人放在大前提，並從另一角度來理解他的脈絡，透過理解人與終極的存在關係，才能從神性去了解人性和兩者之關係。因此，加爾文說：

　　「真實的智慧主要地是由兩部分所組成，即對上帝的認識，與對我們自己的認識。不過因為這兩種認識相互的密切關係，所以二者孰先孰後，很難確定。」[12]

　　其後，他續說，認識自己有助人認識上帝，同樣也有助上帝了解自己，人神之學互為影響。故此，早期的信徒與神保持密切的交誼，如以諾一生與神同行|(創五：22，24)；挪亞也是如此(創六：9)；耶和華在毀滅所多馬蛾摩拉城之前，先將此事通知亞伯拉罕，因為祂說：「我所要作的事，豈可瞞著亞拍拉罕呢？」(創

11　馮友蘭：《中國哲學簡史》，北京，北京大學出版社，1985，頁8。

12　約翰加爾文著，徐慶譽譯《基督教要義》，上冊，香港:基督教文藝出版社，1955 年，頁 30。

十八：17)。又保羅稱提摩太為「屬神的人」，即與神有交誼的人(提前六：1)。

　　總的來說：耶穌基督是神的形象，道成肉身後帶著人的形像，由此重新連接了神與人的關係。

（三）人生的命運

　　根據《聖經》記載，人本來是過著純潔、快樂、無罪的生活。自從人類祖先犯下違背上帝的指令，後被驅逐出樂園，投進苦的世界。所以整個人類的命運與罪惡有不可分割(羅五：14-15)。此種人類，雖待耶穌再世，重新審判，凡未稱義得救者，必須投進「永死」的悲慘人生命運。

　　至於基督徒，若依從神的指引，堅定不移，最後必能一帆風順，前途光明。例如舊約中的約伯說：「然而祂知道我所行的路，祂試煉我之後，我必如精金。」(伯廿三：10)；又新約雅各也說：「我的弟兄們，你們落在百般試煉中，都要以為大喜樂，因為知道你們的信心經過試驗就生……使你們成全完備毫無缺欠。」

　　基督徒面對的問題不是怎樣去解釋痛苦，而是怎樣去對待痛苦，因為他們認為只有按照一種正確的方式去對待痛苦，才能找到一個滿意的解釋。

（四）生命之救贖

　　在宗教裡，救贖的方法可謂各施各法，不一而足。最終目的只有一個 ── 改變命運。

　　基督教救贖之道，從耶穌降生至道成肉身，用言教、身教啟發人心，以自我犧牲之精神，死於十字架上，為世人完成救贖之

功。基督教認為，人是因原罪，才受人間痛苦，我們又無法自救，唯有真誠悔改，信仰耶穌是上帝派遣下凡，救人類之神，如能誠心悔改，必得超昇。

耶穌到世上為世人贖罪代死，就是為了要救人離開這個困境。對人而言，是提昇生命，把這救恩融入個人生命裡－－悔改離罪，信靠歸主。於是，人生命便得到更新，得到「重生」[13]，成為「新造的人。」[14]

由於此一原因，就基督教的信仰而言，若要達至天人合一的理想，一方面必須有願意赦罪之天，而另一方面必須有願意悔罪之人。換言之，有願救之神，更必須有願救之人。而聖經上所說的「上帝愛世人，甚至將祂的獨生子賜給他們，叫一切信他的，不至滅亡，反得永生」（約三:16），所顯示的，便是一願意赦罪之神，也是一願意救人之神，「因為上帝差祂的兒子降世，不是要定世人的罪，乃是要叫世人因祂得救。」（約三:17）所以說：「我們若認自己的罪，上帝是信實的，是公義的，必要赦免我們的罪，洗淨我們的一切不義。」（約壹一:9）因此人若願認罪便必能蒙赦罪；若願意被救，便必能得救。而此福因，卻是由聖子基督的成身降世受死復活所宣示的。因此道成肉身的基督所帶給我們的，便不獨是道德之神，而且是救贖之神了。

（五）人生的目的

耶穌死後，祂的教義被結集成聖句，成了世界上萬人的日常生活規範，這些結集的聖句稱為新約全書和舊約全書，合稱聖經。

13　《約翰福音》第 3 章 3 節。
14　《哥林多後書》第 5 章 17 節。

依基督教的說法，神就住在我們的心裡，無時無刻不與我們共同生存，認為我們的未來還有很多是可以實現的。在約翰福音書17章21節有這一段話：「使他們都合而為一。正如你父在我裡面，我在你裡面。」這暗示基督徒活在世上的目的，不只是為成家立業，傳宗接代，而且要傳耶穌的救世福音。

首先，基督徒不管人生的面目如何，基於信仰，照單全收。在人生的決斷方面，他們皆以神的意志考慮為出發點。當他們徘徊在人生的十字路口時，他們總以真摯的態度來面對新的人生課題，對自己的選擇負完全責任。門徒保羅在《新約全書》的<哥林多後書>第4章8-9中記載：「我們四面受敵，卻不被困住。心裡為難，卻不至失望。遭逼迫，卻不被丟棄。打到了，卻不至死亡。」這種勇氣是固有存在的，更是對自己負責的人的基本權利。最後必能成為一個完人。其次，從基督教的觀點來看，真正的基督徒是一個人格統合的人，所謂人格統合的人，即是一個能在如戰場的地球上完全鬆弛的人，他們擁有超越自我的偉大能力，積極加入愛的歷史洪流中，不斷地去認識、去感覺，最後擁有個人意志。

總的來說，基督徒的目的是，充分肯定愛和真理，瞭解美和善的價值，努力不懈地達成目標，並和周遭的人共享造物者的一切－－歸入基督救恩之內，同享永生福樂。

（六）小　結

基督教信仰，最重人之能知天命，更能完成天命，而所謂完成天命者，亦即完成上帝所交付與人的神聖使命也。基督教相信人之生命，乃由上帝而來，而人在世上所有之一切，亦皆由上帝所賜。然而上帝所賜與人之生命與一切，以完成上帝所授與之使命。

　　基督教因有人生最大目的，所以基督徒天天依靠耶穌，排除萬難，勇往直前。基督徒有救人離罪的神聖目標，所以不做十惡不赦之大罪，為諦造和平的世界有所貢獻。最後值得一提，基督徒雖受造物主所造，但絕不表示卑下的。因聖經《創世記》有說：人的地位雖然不如創造主，但和其他受造物相比，人的地位卻是崇高而尊貴的。

三、佛教的人生觀

　　在佛教方面，有兩種人，一種是菩薩，另一種是阿羅漢，他們的人生觀剛剛相反。菩薩發心廣大，不願個人單獨得到解脫，而且要自度度人，自利利他，希望每一個人都可以和他一樣，永恒得到解脫。這類聖者肩負如此艱巨的神聖任務，必須富有大慈悲、大智慧、大願力、大功德才能做到。

　　阿羅漢為小乘人，他們知道三界並不穩定，無心救濟別人，當證果時，便入無餘涅槃，不出現於世間，此類阿羅漢的人生觀較為自利。如龍樹菩薩所說：

> 「解脫味有二種，一者俱為自身，二者兼為一切眾生；雖俱求一解脫門，而有自利，利人之異」[15]

　　雖然阿羅漢沒有利人，始終是潔身自愛，在社會上是個好公民，在佛教是位獨善其身的聖人，仍值得人們稱讚。

---

15 龍樹菩薩《大智度論》。

（一）豐盛人生

佛教修行的終極是成佛，故其人生目的便顯而易見了。惟達此目的，須經入世與出世兩個範疇，而兩者不能分離，亦不可分離。六祖壇經有云：「佛法在世間，不離世間覺，離世覓菩提，恰如尋兔角。」

佛陀成道後，在鹿野苑為憍陳如等五人初轉法輪時，所說的是「四諦法」。四諦是佛法的基點，依佛教之觀點，不但生活是痛苦，人生是痛苦，而且生命或存在本身皆是痛苦，如佛經記載：「八相為苦。所謂生苦，老苦，病苦，死苦，愛別離苦，怨憎會苦，求不得苦，五陰盛苦。」

佛教揭示人生之痛苦，認為世界上萬事萬物，都是因緣暫起的，瞬息萬變的，名利財色也是虛幻的，故勸人不要太過執著於世間物欲。佛教認為「多欲為苦」，欲望太多，常是痛苦的煩惱的根本，但佛教並沒有要我們「絕欲」，而只說「少欲知足」。佛經有這樣一個故事記載，佛問一個未出家前喜歡彈琴的和尚說：

「琴的弦如果太鬆，拉得出聲音嗎?」

「不能。」

「如果弦調得太緊呢？」

「弦會斷了。」

「如果弦調得恰到好處呢?」

「說可以拉出各種美妙的樂音了。」

所以佛教並非不顧明天的放縱者，亦非挨饑抵餓之虐待者，而是以「中庸之道」(即中道主義)去面對人生 ── 少欲知足。

　　世俗人說，和尚長居山林，潛修苦鍊，或因世事不如意才遁入空門，存有這種觀念之人，實大錯特錯！佛教主張「悲智雙修」的，單有救世之心，卻無救世之良策(實學)，可謂於事無補。因此佛教行者，大乘人則以「兼善天下」為目標；小乘人亦以「獨善其身」為依歸。他們初期亦須隱居潛修，目的是為日後普度眾生作好準備。如科學家們苦心研究，整天躲在實驗室一樣，一日研究成功，其貢獻人人受惠。行者以「出世」為手段，以「入世」為目的。如此看來，佛教實抱有積極進取，犧牲小我，完成大我的鴻圖大計人生觀。

（二）佛與眾生之關係

　　佛陀的現身說法以六道眾生為主，而六道中又以人道為主要化度對象，佛陀不誕於天界，也不生於地獄，而擇人間而示現，在人間大轉法輪。由此證明，佛陀是人間佛陀，佛法是人生佛法，經云：

> 「靈生之所以往來者，六道也；鬼神沉幽愁之苦；鳥獸懷獷狂之悲；修羅多嗔；諸天耽樂；可以正心慮，趣菩薩提者，唯人道為能耳。人而不為，吾未如之何也！」[16]

　　這正是說出了佛與人生的關係，不但密切，而且重要。

　　此外，佛是福智圓滿的人，既是圓滿，便不能以形相來形容，不能以有無來判斷。《法華經》說：「佛以一大事因緣出現於世」。這表明娑婆世界的眾生與佛有善緣，才感應世尊降世。故此，佛

---

16 《卍新纂大日本續藏經》，第 58 冊 No.1033 華嚴原人論合解 (2 卷)【元‧圓覺解、明‧楊嘉祚刪合】第 1 卷。

與眾生的關係是有前世的因緣。因為佛住世時，也表明不能度無緣之人及滅除眾生之定業。所以，在佛住世期間，亦無能阻止琉璃王滅其祖國之禍。

（三）眾生的命途

佛陀在菩薩提樹下成道，所覺悟的內容就是「因緣法」。他發現所有事物和人生的現象，都離不開因果的道理。而生命的循環有如十二把鎖鏈層層相扣，互相依存。因此，佛教用十二因緣來闡釋眾生為何有如此命途，追本尋源乃起於「無明」(愚癡)。

十二因緣有順、逆兩種不同的觀察方法，分別說明人生的兩個方向。一是生死輪迴，由老死起，即從現實生命開始，尋求這痛苦的因，結果追溯至無明，徹底洞悉生死輪迴，是由於錯誤的思想行為，輾轉相引，永無了期，稱為「逆觀」。另一個是還滅解脫，從「無明」起，如果能斷除「無明」，也就是扭轉了人生的命途，即徹底去除人生的痛苦，得到自在，稱為「順觀」。

佛教是一個實事求是的宗教，要信徒積極地去面對人生的種種問題。正如佛年輕為太子時，體驗到生命種種痛苦時，便去尋找解脫方法一樣，最終他亦能在樹下覺悟十二因緣的道理，不但能令自己解脫，也令眾生得到解脫，徹底明白「此有故彼有，此生故彼生；此無故彼無，此滅故彼滅。」[17]的緣生無我之理。

（四）個體之解脫

一般來說，其它宗教都以進天堂，求永生為目的，唯有佛教

---

17 《阿含經》第二經。

主張不但要超越天堂，而且要超越生死。換言之，佛教認為天堂實非永恆之樂土，要真正解脫個體生命形式，必須尋求涅槃之境界，如經云：

「張大教網，恒法海界，漉人天魚，置涅槃岸。」[18]

小乘修行者為達此界，其修行以三十七道品為主；大乘修行者則以六度、四攝為主。見道者，其狀態是斷絕一切生死煩惱，無為寂靜。正因為它是本體，所以佛教認為用思維和語言都無法把握，只有言語道盡，心行絕處，方能體會。[19]

佛陀開化眾生入涅槃之境，必須從做人學起。即指人天所修之世間善法。人乘之善法是五戒：一、不殺生，近乎仁；二、不偷盜，近乎義；三、不邪淫，近乎禮；四不妄語，近乎信；五、不飲酒，近乎智。繼而進修十善、十二因緣……，奠定人生道德的根本，進一步才學出世的三乘善法，循序漸進。如果世間善法的基礎都沒有，而高談學出世的三乘善法，可謂不設實際，更遑論涅槃。

（五）生存的目標

人間的富貴，不易持久；天堂的禪悅，亦歸無常。佛教真正的永恆快樂，是在世涅槃的解脫。凡人多以涅槃是死，其實不然。其義為圓寂，即圓滿智德，寂滅惑業或煩惱不生，功德不滅，不生不滅，清淨安樂。英國韋爾斯在他的著作《世界史綱》把涅槃

---

18 《法華文句》卷一。
19 何光三，許志偉：《對話:儒釋道與基督教。北京:社會科學文獻出版社，1998年。頁 433－434。

解釋得很好。他說涅槃不是滅絕，而是新生，即是煩惱苦悶的人生的終結，解脫自在的人生新生。這與佛教所指的目的「轉迷為悟，離苦得樂」之意義相同。

釋迦牟尼降生人間，貴為太子，不以此為樂，甘願放棄功名富貴而樂於為人類尋找離苦得樂之境，他是一個具有廣大慈悲心的人。在世期間，佛陀食不甘味，席不暇暖。他說法四十多年，棲棲遑遑，夙夜匪懈，留下不少寶貴的真理與訓誨。信徒尊崇他的偉大慈悲心，自然依循他的教化，止惡行善。最重要的，還是修行達至涅槃之境，廣度眾生，造福社群，實踐他的自利利他精神，更將其悲智延續下去。

（六）小　結

佛教人生觀之實義，最終是由迷轉悟，成就覺悟之人生。成就此者，必須認識生命即生死，生活即生死，敢於挑戰人生，改造人生，推己及人，自利利他，方能覺悟人生。能如此者，自能在生活中覺醒生命，成就生命，提升生命及圓滿生命。

佛陀和耶穌以生命呈現的教化，我們應以兩位聖者修行典範為依歸。佛經不是佛陀給我們的活教訓，我們必須效法佛陀自己的生活與工作，還要與時並進、因材施教、因地制宜，這才能吸收真正的教化。基督亦如是，單憑記諸文字和口傳福音，都不是耶穌給信徒活的教訓。

四、總　結

　　基督教和佛教兩位教主皆為後世推崇之聖者，佛陀為教化眾生而勞碌一生，耶穌更為信徒贖罪而被釘死於十字架上。他們同樣體悟到人生之苦、空與無常，同樣懷有一顆博愛、慈悲之心，使他們致力於尋找痛苦之根源。但礙於生長時空不同，其解決方法亦各異。儘管如何，其精神與目的是一致的，因為二人皆述說人與人之間的寬恕、包容。了解與體諒，並且皆為人類求喜樂，自在的淨土，開啟和樂之窗。[20]

　　基督教與佛教不應只局限於這一少部份的相同面，學人如加以觀察、研究，應不難得知兩者其實有甚多相同之處，諸如愛、慈悲、自由、諒解等特質被人格化，是很自然的事，終極的理念也是如此。例如終極的意義可以用人的形象來代表，但佛教的終極不可能只是五蘊相合而成的。又耶穌真正的身體，祂給我們的教誨。祂的活著的身體，不論何時何地，只要實踐了基督的教誨，這活的身體就會顯現出來。[21]諸如此類，在兩教中可見的亦多的是。然而，兩教之相異之處，亦值得我們研究，諸如兩教之有神與無神論之別，佛教眾生以自力為主作為解脫，基督教信徒以他力為主以求永生；佛教憑個人修正道而悟道，基督教以救恩赦免離苦果……。誠然，兩教之教義單憑人生觀之看法，恐怕亦未能

20　一行禪師：《生生基督世世佛》，台灣:立緒文化事業有限公司，中華民國 89年，頁 13－14。

21　一行禪師：《生生基督世世佛》，台灣:立緒文化事業有限公司，中華民國 89年，頁 16。

全盤反映兩教之實義，本文只作拋磚引玉，讓後學者有志研究此
一名題作一參考。

五、參考書目

1.《約翰福立書》，第 17 章 21 節。

2.王國維：《人間詞話》，卷上，香港:中華書局，1961 年，頁 16。

3.馮友蘭：《三松堂全集》，卷 4，中國:河南人民出版社，1986 年，
頁 549-646。

4.馮友蘭：《中國哲學簡史》，北京，北京大學出版社，1985 年，
頁 3。

5.《約翰福音》，第 10 章 10 節。

6.《約翰福音》，第 6 章 35 節。

7.《約翰福音》，第 14 章 6 等。

8.B Trans。M。 Ambrose Conway and Robert Walton(kalamazoo，
Michigan:Cistercian Publications，1980)pp。115-121。

9.Saint ernard of clairvaur， Treaties II:The steps of Humility and
Pride， On Loving God， Bonaventura， The mind's Road to God，
trans George Boas (:Bobbs-Merriall，(o。，1953)， P。9 (I。6)。

10.Indianapolis The collected Works of st。John of the Cross，
(Washington，D。C，Institute of Carmelite Studies，1979)。

11.馮友蘭：《中國哲學簡史》，北京，北京大學出版社，1985，頁 8。

12.約翰加爾文著，徐慶譽譯《基督教要義》，上冊，香港:基督教
文藝出版社，1955 年，頁 30。

13.《約翰福音》第 3 章 3 節。

14.《哥林多後書》第 5 章 17 節。

15.龍樹菩薩《大智度論》。

16.《四十二章經》第 34 章。

17.《阿含經》。

18.《法華文句》卷一。

19.何光三，許志偉：《對話:儒釋道與基督教。北京:社會科學文獻出版社，1998 年。頁 433-434。

20.一行禪師：《生生基督世世佛》，台灣:立緒文化事業有限公司，中華民國 89 年，頁 13-14。

21.參見 20，頁 16。

略談詩僧蘇曼殊之生平

　　蘇曼殊，本名戩，字子谷，後更名元瑛，小名三郎，曼殊是他的法號。他是廣東省中山縣（舊香山縣）恭常都瀝溪鄉白瀝港村人（今珠海市前山公社）。父親蘇傑生，名勝，一名仁章，又名朝英，是日本橫濱英商萬隆茶行的買辦，母親若子是日本人，原是傑生的小姨。1883 年，傑生與若子私通，翌年九月二十八日生下曼殊。曼殊生後不到三個月，生母若子便與賈森脫離關係，返回家鄉逗子櫻山，從此不知下落。賈森便攜曼殊回寓所，轉由義母河合仙撫養。清光緒十五年（1889），曼殊六歲時，便隨嫡母黃氏由日本返回廣東省香山縣瀝溪鄉白瀝港村。翌年，入鄉塾，從宿儒蘇若泉讀書，初步打下中國文化的基礎。十三歲因不堪忍受家人的虐待，便隨姑母到上海，學習中英文，開始接受新式教育。清光緒二十四年（1898），曼殊十五歲，春初，遵父囑隨表兄林紫垣（祖母林氏之侄孫）重到橫濱，考入華僑設立的大同學校就讀。大約在十六歲的時候，自感身世，便擅自潛回廣東到蒲澗寺削髮為僧。但僧家的生活更是難熬，他又返回大同學校就讀。重返橫濱後，常出入於河合仙處，並與表親「靜子」發生了一段戀情。十九歲在大同學校畢業，轉入東京早稻田大學高等預科中國留學生部。正值翻譯書籍風氣盛行，反帝反清思潮激蕩。在「總角同窗」馮自由（戀龍）的啟發下加入進步團體青年會，開始了革命

活動。清光緒二十九年（1903），曼殊二十歲，改名蘇湜，他的革命熱情達到了最高峰，便改入成城學校，學習初等陸軍技術。這時，帝俄無理侵佔東三省，留日學生發起組織「拒俄義勇隊」，不久，又改名「軍國民教育會」。曼殊毅然參加，秘密從事革命活動，為救國救民奔走呼號。曼殊這一革命性的活動，不為表兄林紫垣認同，斷絕經濟，使曼殊食宿都成問題，並強迫曼殊返國回鄉。曼殊不得已，決定輟學回國。在歸國的輪船上，曼殊決心不回家鄉，便草擬一封偽裝投海自殺的遺書寄給林紫垣，作一了斷。船抵上海，曼殊登岸稍為停留，便回到蘇州。經同行的吳軼書、吳綰章兄弟介紹，在吳中公學任英文、體操教員。與包天笑（公毅）、祝心淵（秉綱）和湯國頓等同事。曼殊在吳中公學任教不久，得知陳仲甫（獨秀）、張繼（溥泉）在上海國民日日報社主筆政，便辭去教職，轉至該社任英文翻譯，發表了一些慷慨激昂的詩歌、小說和散文，邁開了文學創作的第一步。

　　不久，從章行嚴（士釗）口中獲悉故友黃興（克強）在長沙醞釀革命，即行溯江前去尋訪，先後借助明德學堂、經正學堂、湖南實業學堂、安徽旅湘公學任教為名，暗中參與華興會的籌建，繼而奉派至香港聯絡興中會，共商革命鬥爭的開展。同年十二月一日，《國民日日報》因內訌而遭封閉，他感到人心的險惡和自己「幽夢」難成，原來潛藏著超塵出世之念又再復熾，便流浪到惠州再度披剃。由於廟宇破舊，且貧無隔宿糧，縱日化緣為活，所得亦不足以果腹。曼殊知不可久留，便在清光緒三十年（1904）二月中旬逃往省城，再乘輪船抵香港。回香港後，得師友資助，漫遊暹羅（泰國）、錫蘭（斯里蘭卡）、越南等國，從中領略佛教活動的情況，並接受第三次戒剃。曼殊在南遊諸佛教後，在當年

（1904）的秋天，便從廣州經上海到長沙的實業學堂，繼續以教學作掩護，參與華興會的舉事密謀。他在實業學堂一直教到暑假，便不再接學堂的聘書。清光緒三十一年（1905），應好友劉三（季平）之邀，赴南京陸軍小學堂教授英文。清光緒三十二年（1906）春初，曼殊又重到長沙，受聘於明德學堂教授圖畫。七月下旬，得劉師培的介紹，到蕪湖皖江中學教書。在這一段時期，曼殊幾乎是來往於蕪湖、上海、日本、西湖和溫州之間。

　　清光緒三十三年（1907），曼殊赴日本，轉而從事文化活動，在〈民報〉和〈天義報〉等刊物上發表了不少文章和畫幅，並致力於梵文和英文的譯述，編出了《梵文典》，《文學因緣》等書稿。在此前後參與國際性組織亞洲和親會的創建和進步刊物《新生》的籌措工作。清光緒三十四年（1908）九月，曼殊自日本回國，往來於上海、杭州之間，應楊仁山（文會）之召到南京祇垣精舍任英文講師，於弘揚佛學多所建樹。

　　清宣統元年（1909），曼殊離開上海東渡至東京，在痛感「極目神州餘子盡」的同時，結識了日本藝技百助楓子。在相處和別後的日子裏，為她寫出和譯下大量情真意切的詩篇。在此期間，繼續翻譯拜倫、陀露哆等東西方詩人的名篇佳什。回國後，因劉師培夫婦變節遭雷昭性誤會而自杭州轉至上海，後經陶成章推薦往爪哇喏班中華會館學校任教英文。

　　清宣統三年（1911），曼殊嘗試經香港、廣州、上海赴日本探望河合仙，並謀求《潮音》的出版。

　　武昌起義的消息傳至爪哇，曼殊興奮異常，急欲籌款返國服務。他抵達上海，即參加心儀已久的南社，並應聘在太平洋報社任筆政，發表了好些小說和詩文。但面對辛亥革命弱點的逐漸暴

露和勝利果實的慘遭葬送，他悲憤莫名，佯狂自戕。時去征歌逐色，寄情脂粉，以至在安慶教書、在蘇州編辭典，都顯得無精打采、意冷心灰。但是曼殊畢竟是個熱血沸騰的革命志士，當他看透袁世凱竊國篡權的醜惡嘴臉時，即怒不可遏地寫出聲討檄文。「二次革命」失敗後，他雖然被迫逃亡日本，但仍繼續參與反袁鬥爭。先後在《民國》、《甲寅》、《南社》等刊物上發表了大量詩文和小說。

　　民國五年（1916），曼殊回國不久，得知居覺生在山東組織中華革命軍護國討袁，即往青島投奔。回上海後，住孫中山寓所。此後兩度至杭州，一度赴日本，除努力撰述交結朋友外，於國事仍未忘懷。民國六年（1917），曼殊在日本，腸胃疾轉劇，復返上海，進霞飛路海寧醫院。民國七年（1918）春，曼殊自海寧醫院遷居法租界金神父路廣慈醫院。此時曼殊的身體已日漸不濟，雖多方料理，無奈病態沈痾，終於是年五月二日（陰曆三月二十二日）下午四時，與人世告別。

略論佛教傳入中國後在歷朝
發展之情況

一、前　言

佛教經典，博大精深，浩如煙海。本文旨在對佛教傳入中國後，在歷朝不斷變化、發展及影響，而形成佛教各宗派系，成為一獨特之中國佛教。

佛教源於印度河流域佈教傳播，後經中亞世亞分水陸兩路傳入中國。僧侶往返中印多以陸路為主，如有玄奘等三藏法師；而海路則由錫蘭、爪哇、越南等地傳入中國，著名僧侶有真諦等比丘。但佛教傳入中國之說法，因確實年代已難稽考，歷來眾說紛紜，經學者考查，一般皆相信以下之種說法，為佛教從天竺傳入中土之始。三種說法如下：

（一）大月氏使者伊存口授《浮屠經》

據史實言，大月氏使者伊存口授博士弟子景盧以佛經之材料，確認為佛教傳入之始。《三國志・魏志》卷三十裴松之注記載：

「哀帝元壽元年(公元前二年)，博士弟子秦景憲受大月氏
王使伊存口授《浮屠經》，中土聞之，未之信也。」(《魏
書、釋老志》)

（二）楚王英奉佛

楚王英為東漢光武帝子，明帝異母弟，少好交結，款待賓客，
後被人誣告謀反而定死罪。楚王英念其崇黃老，拜浮屠(佛)，「更
喜黃老學，為浮屠齋戒祭祀。」(《後漢書‧楚王英傳》)故其應無
異心，乃命其捐奉絹匹，供養僧俗，以作了事。由此可見，佛教
於此時已與上層統治者有所交往，外國僧侶不單進入長安、洛陽
傳教，而且更在英之封地 — 彭城，進行弘法活動。

（三）東漢明帝感夢遣使求法

漢明帝永平七年(公元 64 年)明帝夜夢金人，身長丈六，飛空
而至，照於殿庭。翌日以此事問羣臣，太史傅認為是西方一位名
「佛」之神，於是遣使張騫、秦景、博士弟子王遵等十八人往西
域求佛。其後使者於西域遇迦葉騰、竺法蘭兩位比丘，得佛像經
典，以白馬載返洛陽。明帝為此隆重其事，建精舍迎之，名白馬
寺。現引《四十二章經‧序》作證：

> ……永平七年，明帝『祖夢見神人，身體有金色，項有日
> 光，飛在殿前，意中欣然，甚悅之。明日問群臣，此為何
> 神也？有通人傳毅曰：「臣聞天竺有得道者，號曰佛，輕
> 舉能飛，殆將其神也。」』明帝即「遣使者張騫、羽林中
> 郎將秦景、博士弟子王遵等十二人，至大月氏國，寫取佛
> 經四十二章……。」

（四）小　結

誠然，今之學者對此說存疑有四：感夢乃具神話色彩，不能盡信，此其一也；使者出使非為求法，此其二也；所列使者秦景等人，尚無文獻證明，此其三也；漢朝與西域，此時應無外交關係。故明帝求法之說，實為佛子虛構，以擴其權威性，但漢明帝允准佛教流傳於國內，似為不爭之事實。然而，佛教傳入中國後在各朝之發展和動向如何？各朝帝皇支持此教之程度又怎樣？

二、佛教傳入中國後在各朝之發展情況

佛教傳入中國，只須透過漢族之文化、思想關係，在中國不斷傳播和發展，而未有造成流血之衝突，皆因其時中國儒、道之信仰、宗教儀式皆相類似，而容易被漢族社會所容受、授納，並發展成日後儒、釋、道三教融和之思想，今就佛教傳入中國後在各朝之盛況，臚列如下：

（一）後漢佛教

佛教東傳於中土，始於漢代，似是不爭之事。依文獻記載頗豐，有《魏略、西戎傳》，《三國志·魏志》(詳見前)。至於經論方面，以《四十二章經》和《理惑論》為最早之論著。至桓、靈二帝，史料記載翔實，其時譯業漸興，法事亦盛。

後漢末期，有僧伽安世高來華，專心從事佛典譯業，計有《安般守意經》、《陰持入經》、《四諦經》、《轉法輪經》、《八正道經》等三十餘部，對中國禪學思想及小乘法相教義，影響殊深。其後，

僧侶支婁迦讖亦來華，譯出《道行般若經》、《首楞嚴經》、《無量清靜平等覺經》，開中土般若學之嚆矢。

（二）三國佛教

三國時代之佛教是從公元 220-265 年。實際上是後漢佛教之延續。魏承後漢，其時，著名僧侶從天竺、安息、康居等國來華，譯典釋經。至魏廢帝嘉平二年(公元 250 年)，沙門迦羅譯《僧祇戒心》，開中土受戒之先，奉為律宗之祖。另有安息國僧曇諦，譯出《四分律》，時有名僧朱士行受戒出家，亦開中土沙門出家之始。

佛教弘傳於三國，所及之地不多，誠然，它成為後漢與西晉之橋樑，並更進一步融和中國傳統之固有文化及民間信仰。例如比丘康僧會作歌，咏經中故事之讚頌聲調及攜印度佛教畫本，畫佛像，為當時一著名之藝術佛僧。其餘之寺塔、雕塑等藝術，亦見規模。

（三）西晉佛教

西晉佛教是從晉武帝泰始元年到愍帝建興四年，共歷 51 年。期間，以竺法護、安法欽等法師為首，廣譯經典。單是竺法護從梵本所譯之佛經，超越 150 本 。 其中不乏大乘經典：如《般若》、《涅槃》、《華嚴》、《法華》等，其譯典之辛勞，對中國佛學之流傳，功不可抹。由於竺法護長居敦煌，人稱「敦煌菩薩」。

自西晉佛教日漸流傳，道教亦受其影響。晉惠帝時，兩教弟子，互有爭論。但當時朝野多以信奉佛教為主，此時之寺院已不少於 180 座。由此可見，西晉佛教之流佈及弘傳，非道教所能及者也。

（四）東晉佛教

東晉佛教是從晉元帝建武元年（公元 317）到恭帝元熙二年（420），共歷 104 年。

佛教發展至東晉，形成南北兩地，統治者多以佛教作為鞏固皇權之手段。此時，名僧不斷湧現，其中代表人物有道安、慧遠、鳩摩羅什、佛圖證等，傳揚大乘經義。其中，道安法師精通般若，深解佛典，並注疏經典，編佛經錄，為日後佛教大乘「空宗」之始創者。其弟子慧遠，則以南方廬山之東林寺為中心，率眾行道，倡念佛法門。及後，更廣結十方名僧居士，探究佛典經義。其中最著名者莫過於鳩摩羅什此一代名僧。他著譯佛典，皆以中觀為主，對後世之三論宗、成實宗、天台宗等，影響深遠。

（五）南朝佛教

南朝佛教由宋武帝永初元年（420）至陳後主禎明二年（588），共歷 168 年。南朝時，各方對佛教之態度大致與東晉相同，統治階級及文人雅士，皆尊崇佛法。

梁武帝時，佛教盛極一時，他為表示對信仰佛教的決心，竟捨身受戒於同泰寺，領僧俗共二萬餘，至重雲殿，皈依三寶，從此獨尊佛教。武帝力倡禁肉食，變更了漢以來僧人食「三淨肉」之習慣。此外，武帝對佛典之翻譯亦頗重視，曾邀印度譯師真諦東來，譯《俱舍論》及《攝大乘論》等佛典，掀起信眾學「法相學」之熱潮，開中國大乘之攝論宗及小乘之俱舍宗。

初有達摩禪師東來，武帝推崇備至，捨身出家，以求功德，後經達摩點化，豁然大悟。故達摩傳釋迦牟尼之佛心宗，成為東

土佛教禪宗之初祖。

（六）北朝佛教

北朝佛教由北魏明元帝泰常五年（420）至北周靜帝大定元年（581），共歷 161 年 。

北朝人民之信仰，以佛教為主。君主如孝文帝、宣武帝皆推動佛教事業。其時也迎佛像、建寺廟、度僧人、作佛事等，盛極一時。僧侶十分注重實踐，不喜空談理論，尤喜修「禪觀」，這與南方佛業，卻截然不同。

北朝各代，對佛經翻譯，相繼不絕。最著名者為菩提流支、勒那摩提、佛陀扇多等法師。其中，菩提流支與勒那摩提合譯《十地經論》，而創地論宗。其時，宣武帝在內殿為其筆受，可謂名重一時。後兩師因意見不合而分道揚鑣，地論宗復為攝論宗所壓抑，並作為後來華嚴宗之始創者。

總體來說，北朝佛教人才略遜於南朝，而其影響自然不及南朝之深遠。

（七）隋朝佛教

隋代佛教由隋文帝開皇元年（581）至恭帝義寧二年（618），共歷 3 年。隋文帝承北周之傳統，也以佛教作為統治政權之方針。文帝傳播佛教不遺餘力。據《續高僧傳》卷十＜靖嵩傳＞之記載：他於開皇年間，修訂宗教法制，容私下出家之僧俗及自願出家之百姓，合法出家，為數五十餘萬人，盛況空前。他集中各門各派之著名佛教學者，聚於都邑，列分為五派：即「涅槃」、「地論」、「大論」、「講律」及「禪門」。於各派中立一首座，領導信眾，研

習經義。隋煬帝時，曾為文帝造像立寺，並於洛陽設譯館，廣攬人才，從事佛典之翻譯工作。

隋朝時，有法師名吉藏，創三論宗，弘揚龍猛菩薩之中觀學說，以「八不中道」思想，廣泛流傳，備受推崇。至法相宗抬頭，三論宗從此衰落。

（八）唐代佛教

唐代佛教由唐高祖武德元年（68）至哀帝天祐四年（907），共歷 289。唐承隋後，佛教發展更具規模，其中玄奘法師取經於天竺，拜那爛陀寺之戒賢論師為師，習《瑜伽》、《攝論》，並於印度設下擂台，辯論教義，經多日無人能破，可謂名重一時。及後，返國翻譯經典，達一千三百三十五卷，弘揚「唯識」思想，弟子窺基繼承大統，成唐代佛教一重要流派。

與此同時，各宗亦相繼流行，例如武則天時，有法藏法師提倡「法界緣起」，為華嚴宗建立地位；淨土宗之慧遠法師提倡「念佛法門」，廣受民眾歡迎；道宣法師制「律藏」，而創南山宗；善無畏、金剛智、不空等法師，傳授密法真言及翻譯密教法典，成立密宗。盛唐後，禪宗各師宣弘「佛性本有，不假外求，不立文字」之頓悟法門，亦風靡一時。唐代佛教之發展，極一時之盛，影響深遠，日本僧人來華求法，相繼不絕，令日本佛教漸具規模。

（九）五代佛教

五代佛教是從公元 907-959 五十餘年間，經歷後梁、唐、晉、漢、周五朝。時正藉中國南北分裂，兩方佛教之發展各有不同。

北方佛教，仍襲唐舊制，齋僧、度僧，但嚴格禁止私自出家

及建新寺院，又因戰亂頻仍，發展局限。

南方佛教，因較安定繁榮，加上帝王對於佛教信仰較濃，故建寺、造塔、刻像、寫經，以至度僧，均多於北方。

經教方面，五代寫經之風甚盛。北方多以《貞元錄》入藏經，南方則依《開元錄》為主。此外，當時僧徒尚好吟咏風騷、詩文書畫，如有《白蓮集》載詩八百首，《三山集》詩三百五十篇等等。

（十）宋代佛教

宋代佛教由宋太祖建隆元年（960）至衛王祥興三年（1279），共歷 320 年。

宋代佛教轉變甚大，理由有二：（1）從各地傳入之經典，已乏刺激作用；（2）儒家理論滲入佛理，自成一家，學者趨向理學發展為多，佛教漸趨沒落。故此，儒佛兩教遂引起種種反響，儒生學者利用傳統倫理觀念，將佛理儒家化。如契嵩作＜輔救篇＞，採佛家之「五戒」比附儒家之「五常」等是也。

爾時，禪宗獨盛，蓋其口傳心印，不立文字，修持又十分簡易，惟難以量度修行者功力之深淺。宋代永明年間，延壽禪師曾主張「禪淨合一」，另闢蹊徑，不單對推動佛教事業有一定幫助；而且更可調和禪、淨兩宗之修行者，使其相輔相成，互為依存，成就佛果。

（十一）遼代佛教

遼代佛教是從公元 916-1125 年。

契丹一族，信仰巫教。唐末，部主耶律阿保機征服鄰部，擴展文教，兼收並畜，挺攬人才，此時佛教才被重視。遼自太祖皇

帝，世尊佛教。其時，建寺供僧及譯經釋典，可謂不遺餘力。遼朝，甚重僧才，設經、律、論三門，以選拔人才，研究之風頗盛，高僧輩出，如道宗精通梵文，注疏華嚴，著作甚豐。此外，遼之著作，計有《續一切經音義》、《龍龕手鑑》、《演密鈔》、《釋摩訶衍論》……。

遼之一代，佛教之色彩，無處不在，民眾皆以「家家彌陀佛，戶戶觀世音」為信仰中心。此外，遼各邑會，各自承擔造寺建塔之費用。高僧大德以漢人為主，大藏經文亦以漢文編寫。總之，在本質上，除中國佛教外，則別無其它新文化了。

（十二）金代佛教

金代佛教是從公元 1115－1234 年間，皇室支持佛教，則始於太宗時期。(1123-1137)

金之一朝，保護佛教絕不遜於遼朝。當其國初，太祖、世宗均年設齋會、供飯奉僧，又命僧侶善祥建淨土寺及迎像供奉。至熙宗時(1135-1149)時，奉祀孔子廟，對漢人所奉之佛教乃表尊崇。其後，為名僧海慧，於首都上京建大儲慶寺，授予主持方丈之位。寂後，為其建舍利塔五所，以作紀念。至世宗時 1161-1189)，解除海陵王抑制佛教，建寺弘法，禮待僧眾，及度僧三萬，名重一時。

金代佛教，以華嚴教義為主，而實踐方面，則以禪學為體。時有行秀僧人弘揚禪學，融和三教思想，著有《從容錄》；又有李純甫論述三教融合之思想，著《鳴道集說》論破末儒排佛之思想，弘宣佛法，啟導人心。

（十三）元代佛教

元代佛教是從元世祖即位（1260）至順帝末年（1368），共歷 108 年。

元世祖忽必烈掌政前，已邀西藏名僧喀思巴東來傳法。掌政後，更奉西藏名喇嘛僧為國師，以喇嘛教為國教，兼統領藏族地區之政教。他在至元六年（1269）受皇命為蒙古族制文造字，並封為大寶法王。及後，又為世祖太子真金講《彰所知論》，於是密宗乘時崛起，而大盛於西藏。

元代對佛經之譯業較少貢獻，僅將北京弘法寺已存有金代遺留下來之大藏經之版本，重新校訂，編成《弘法入藏錄》而已。元代之名僧著作，皆略遜於唐、宋兩代；然亦有一些出色之作品流傳後世，如行秀之《從容錄》、德輝之《敕修百丈》等，允屬一代名著。

（十四）明代佛教

明代佛教由明太祖洪武元年（1368）至思宗崇禎十七年（1644），共歷 276 年。

明一代之佛教，一反元代尊崇密宗之傳統。明初政權建立，君主轉移支持漢族之各宗佛教，因此，密宗日漸衰落。

明太祖朱元璋在未得天下前，曾委身寺院，出家為僧，以逃禍劫。故對佛教寺院之運作，皆瞭如指掌。及後，成一代君主，對佛教之流弊，去蕪存菁，加以整頓。洪武元年，太祖在南京天界寺設善世院，委任僧侶掌全國名剎住持；又召集各地僧眾，依教修行，各以專業發展；其後，又命江南各僧聚於南京，建「廣

薦法會」及刻印經版。

　明之一代，在家居士研習佛學，蔚然成風。宋濂、李贄、袁宏道等人，對佛理了解不淺，著作佛書亦多，如宋濂之《宋學士文集》、李贄之《文學禪》、袁宏道之《西方合論》等。明末佛教名僧蓮池、憨山、蕅益等大師相繼湧現，佛教可說一時中興。

（十五）清代佛教

　清之佛教是從清順治元年(1644）至宣統三年（1911），共歷268年。

　清繼明之後，對佛教之態度，實大同小異，無論在僧制、委任、職稱……。皆沿用明之律例。

　清代君主亦十分禮待佛教，如喇嘛到關外傳教，受清太祖之禮待；太宗時也曾與達賴喇嘛五世建立情誼。此外，君主在政治政策上，亦有一定之需要，依賴佛教，以穩定政局。

　清末，有楊文會居士致力推動佛教。他除在南京建金陵刻經處，翻印經書，廣泛流通外；更設祇洹精舍，培養人才；並托日人南條文雄協助搜集散失之經典，編纂成一「大藏經」，流傳後世。其著名弟子有近代高僧太虛法師和名居士歐楊漸先生，繼承大業，開民國初年研習佛學之熱潮。

三、結　論

　中國佛教自印傳入，不斷與中國傳統文化相互融和，進而形成有中國特色之佛教，惟初探佛門之義理者，輒懼佛典之卷帙浩

繁而望門興嘆。凡此種種，對初涉佛典者滋生困惑，本論文所涉
獵之範圍雖廣，唯遣詞用字，力求精簡而不繁，以作概括性之介
紹，為初學者作一橋樑。

四、參考書籍

1.牟鍾鑒、張踐：《中國宗教通史》，下卷(北京：社會科學文獻出
　版社，2001)，頁 782−785，890−893。

2.[日]羽溪了諦著、賀昌群譯：《西域之佛教》(北京：商務印書館，
　1999)，頁 22−30。

3.魏長洪等著：《西域佛教史》(烏魯木齊：新疆美術攝影出版社，
　1998)，頁 25−28。

4.野上俊靜等著、釋聖嚴譯：《中國佛教史概說》(台灣：商務印
　書館，1993)，頁 9−12。

5.中國佛教協會編：《中國佛教》第一輯(上海：東方出版中心，
　1996)，頁 3−133。

6.藍吉富：《佛教史料學·序》(香港：海嘯出版事業有限公司，
　1997)7。霍韜晦：《絕對與圓融》(台北：東大圖書公司，中華
　民國八十三年)，頁 37-52，448−459。

8.呂澂：《中國佛學源流略講》(北京：中華書局，1979)，頁 311-383。

9.吳焯：《佛教東傳與中國佛教藝術》(浙江：浙江人民出版社，
　1994)，頁 80-83，96−112。

10.黃懺華：《佛教各宗大綱》(台北：天華出版事業股份有限公司，
　民國 80 年)，頁 223−434。

11.尚維瑞：《中國歷史上宗教傳播》(香港：香港公開大學，1992)，
頁 4 – 12。

12.字井伯壽著、李世傑譯：《中國佛教史》(台北：協志工業叢書，
中華民國六十六年)，頁 1 – 3。

13.任繼愈：《漢唐佛教思想論集》(北京：人民出版社，1973)，頁
47 – 167。

14.羅時憲：《唯識方隅》上編(香港：佛教法相學會，1986)，頁
21 – 38。

15.冉雲華：《從印度佛教到中國佛教》。(台灣：三民出版社，1995)，
頁 1 – 17。

世親之業論觀

　　佛在世時，隨緣施化，或為了義，或為方便，諸弟子中，無有異義，信受作禮。佛於經中雖曾揭示「無我」之理，以破邪執。誠然，業感之輪迴主體，尚有許多疑團待為詮釋。原始佛學以「業感緣起」來解釋生死之去向，由於這時期較著重實踐修持，故對此問題未加注意。隨著時代變遷，思想逐漸成熟，對此疑問不單是自教希望圓善其說，同時亦遭外道之質詢及攻擊。部派佛教時期，內部多重視學理的研究，「毗曇學」屢創嶄新觀點，因而掀起論諍，「業感流轉」成為當時學界重要關注的課題。

　　眾所周知，世親之《俱舍論》以理為宗，博採「經部」之義而破斥「說一切有部」等之異說。故此，經部對業論之說可視為俱舍之觀點。然世親回小向大後，因受大乘經論之啟發，思想國度亦隨之而擴闊，以會通小乘各部為基礎，吸收大乘精妙之理，從而創立《大乘成業論》，解釋部派佛教所帶來之「假我」配「業感」等難題。據當今學者李潤生先生之研究，疑難有三：

> (1)原始佛學，許每一眾生今世的「煩惱」與「業」，依「五蘊假我」而作，來世「福、非福報」，依「五蘊假我」而感，但此「五蘊」假體於一期生（一世）後復由聚而散，如何可作「感果」之依？此其可疑之一。

(2)今生由「五蘊假我」所作的業，以何等功能足以聚而不散，以作來生之用？此其可疑者二。

(3)原始佛學既不許有常的「自我」以作業感果，而代之以「五蘊」假體，但此「五蘊」體起伏聚散而非常住，以何因緣足以決定每一眾生的諸業與果皆自作自受，而非自作他受，亦非他作自受，或自作共受，或共作自受？此其可疑者三。[1]

就以上問題，其實都離不開「因果」與「無我」引致眾生流轉所依之理論。阿含經曰：

> 若諸沙門、婆羅門見有我者，一切皆於此五受陰見我。諸沙門、婆羅門見色是我，色異我，我在色，色在我；見受、想、行、識是我，識異我，我在識，識在我。愚癡無聞凡夫以無明故，見色是我、異我、相在，言我真實不捨。[2]

故佛在世，以「無我」義，廣施教化，饒益有情，欲令眾生，離苦得樂。業感受果，由身口行，牽引而起，於此功能，發業生果，依種子因，彼彼熏習，受報輪迴，生生不息。世親大師，倡賴耶識，作受熏說，依此觀念，揉合諸家，集其精華，高建法幢，建立體系，息眾論諍，輪迴主體，得以解決。

1　李潤生：《佛家業論辨析》。香港：《法相學會集刊》第一輯，1968，頁 8-9。
2　《大正新脩大藏經》第二冊 No. 99《雜阿含經》卷第二，頁 0011b03(02)-0011b08(00)。

一、略論佛家各部對業論之解說

首先，概括陳述小乘主要派別對業論之看法，並簡述其要點，進而指出世親轉入大乘後，確立對業論之解讀。竊以為，眾生依業，各自流轉，其所依者，為業力也。佛教初業，世尊釋經，眾生輪迴，皆以「我執」，為其主因。

完備體系，淵源所自，經千百載，蛻變成長，方成大乘。佛住世時，於阿含經，揭「無我」義，破「實我」執。誠其所然，「假我」「業感」，兩相襯配，於義理上，疑難未決。佛滅以後，佛教學者，於阿含經，站穩基礎，窮研遺教，會通諸理，競立新義，增飾佛說，時有部派，各自立論，各倡其義。有部思想，論其輪迴，說其業論，建「無表色」，作果功能，甚稱創見。同屬五法，總攝萬有，其所主張，具陳如下：「謂能種種運動身思。依身門行。故名身業。身之業故。故名身業。言語業者。亦思為體。謂發語思。依語門行。故名語業。語之業故。故名語業。言意業者。謂審慮思。及決定思。為意業體。故此三業。皆思為體。隨門異故。立差別名。依意門行。名為意業。依身門行。名為身業。依語門行。名為語業。……此經於法處中。不言無色。故知法處中。實有無表色。若無無表色。此經闕減。便成無用。」[3]此部所執，有實自性，不能成立，彼二表業（身語表業），於因明學，相違過患[4]，無從補足，實不可取。

---

3 《大正新脩大藏經》第四十一冊 No. 1823《俱舍論頌疏論本》卷第十三，頁0890c11(04)－0891b20(04)。

4 若無表色，離表而發，於欲界時，隨心存在，於色界時，無心二位（無想、滅盡二定），應無無表，心不起故，故不應理；又無表業，應無有無記身業，有違經教，故言相違。

　　論正量部對業論之解說：小乘正量，主張有二：所言一者：「業
之體性」；所言二者：「業之感果」。其心王法，心所有法，刹那生
滅，必無行動，色身諸法，非刹那滅，故能存在，亦可「行動」，
為「身表業」，作為自體，如《俱舍論記·卷十三》言：「為破此
故。說非行動。正量部計。有為法中。心心所法。及音聲光明等。
許刹那滅。定無行動。身表業色。許有動故。非刹那滅。如禮佛
等身動轉時。事若未終。此之動色無刹那滅。此身動時。表善惡
故。故身表業。行動為體，以諸有為法有刹那盡故者。立理正破。
以諸有為有刹那故。定無行動。何以得知皆有刹那。以有盡故。
既後有盡。知前有滅。故知有為法。皆刹那滅。故頌盡故二字。
釋上有刹那故也。頌中故字。兩度言之。有刹那故。盡故。此應
立量。身表業色。……。」[5]又此部派，立「不失法」[6]，作為「業
行」，以此勢用，感果功能！當來感招，「業果業應」。如世親言：
「毘婆沙師說。有別物為名等身。心不相應行蘊所攝。實而非假。
所以者何。非一切法皆是尋思所能了故。此名身等何界所繫。為
是有情數。為非有情數。為是異熟生為是所長養。為是等流性。
為善為不善。為無記。」[7]部派正量，所言業論，動色為體、「不
失法」者，皆有患失。彼所計執，實有自性，作身表業，皆不應
理，無力破邪，如何顯正，所據者何？意志為思，推動色身，方
為「身業」，「行動之色」，屬物質性，其所活動，唯身業耳，作工
具焉。一如生粟，變化過程，微相難知，察其組織，刹那生滅，

5 《大正新脩大藏經》第四十一冊 No. 1823《俱舍論頌疏論本》第十三，頁
　0890a02(01)－0890b10(00)。

6 不失法者，指相續不失招感異熟的業力。

7 《大正新脩大藏經》第二十九冊 No. 1558《阿毘達磨俱舍論》卷第五，頁
　0029c01(02)－0029c02(06)。

前後變化，才成熟粟。由此觀之，憑藉此例，證他事物，皆屬必
然，難為理據。依此分析，「語表業體」、皆應雷同，「身表業體」，
屬無自性，並非實有。又「不失法」，與善惡業，俱時生起，不似
業體，剎那生滅，至感果後，方能消失，此亦非理。不失之法，
與業俱生，唯其自身，不是業故，亦非善惡，是無記法，是不相
應，故其存在，為業符號。故《中觀論》，徹底遮破，茲引一文，
以作證明：「不失法如券。業如負財物。此性則無記。分別有四種。
見諦所不斷。但思惟所斷。以是不失法。諸業有果報。」[8]是故此
派，所謂不失，憑藉此法，實有自性，招引業果，正量計執，實
有患失，不能證成。

　　論經量部對業論之解說：此經量部，施設業論，「主張諸行，
過未無體」、「業即是思，無實身業，及語業等」；反「無表色」，
唯瑜伽派，稽首認同，惟其建立，「色心互持」、「種子熏習」，其
中道理，尚未周全，援引其文，以作分析：「有作是說。依附色根
種子力故後心還起。以能生心心所種子依二相續。謂心相續色根
相續。」[9]又言：「非餘造業餘受果故。若所作業體雖謝滅。由所
熏心相續功能轉變差別。能得當來愛等果者。處無心定及無想天
心相續斷。」[10]此派言論，「色心互持」，種子熏習，依「心相續」，
得來生果，實不應理。所以者何？若有行者，入奢摩他，無想滅
盡，心心所法，頓時沉沒，其「心相續」，何以持種？若言心種，

8　《大正新脩大藏經》第三十冊　No. 1564《中論》卷第三，頁 0022b22(00)－
　　0022b25(00)。

9　《大正新脩大藏經》第三十一冊　No. 1609《大乘成業論》，頁 0783c20(00)－
　　0783c22(06)。

10　《大正新脩大藏經》第三十一冊　No. 1609《大乘成業論》，頁 0783c11(03)－
　　0783c13(01)。

從色種生，二類種子，同生一芽，於經驗界，實不可得。

　　小乘部派：論「無表色」，「種子熏習」、「色心互持」、「業之體性」、「業之感果」、「不失法」等，所出理論，辨釋「作業」、「能感」「所感」，「種子熏習」，皆有貢獻。惟於輪迴、感果功能，尚欠周密，未能服眾。是故慈恩，無著世親，立阿賴耶，建種子說，輪迴主體，感果功能，方能解決。[11]

二、世親建立大乘業論之體系

　　瑜伽行派對業論之解說：前言未密，後出轉精。原始佛教，業論流轉，小乘各派，無能解決，主體困難，仍欠周密。大乘中觀，破而不立，亦無交待。唯識學者，無著世親，肩負重任，檢討各部，重整理據，立賴耶識，業感流轉，輪迴主體，相應困難，圓滿解決。

　　阿賴耶識建立之義據：芸芸眾生，各具八識，於所有識・各有心所，心心所法，依相見分。故心心所，唯相見分，各依種子，自起而生，或同種生，或別所生，成一單體。故眾生者，一堆種子，相分見分，似盆散沙，無從統攝。唯識學者，觀其諸行，相見二分，排列有序，有條不紊，從定觀察，生生不息，似有統攝，細而察之，剎那生滅，連續之力，故名之曰：「阿賴耶識」。其理有二：一曰含藏，一切種子；二為七識，作根本依。立此識故，輪迴主體，業感所依，此中理論，各派論師，心悅誠服。

---

11 林律光著：〈略論佛家對業論之解說〉，《清水灣文集》，收入林律光主編《香港學術精粹叢書》。香港：科華圖書出版公司，2009，頁130－137。

　　阿賴耶識受熏說之建立：世親論師，依《成業論》，立賴耶識，作受熏說，茲引下文，以作解釋：「心有二種：一、集起心，無量種子集起處故；二、種種心，所緣行相差別轉故。」[12]由此觀之，此「集起心」，即賴耶識，均屬色法、心法種子，聚集生起。又曰：「能續後有、能執持身故，說此名阿陀那識。攝藏一切諸法種子故，復說名阿賴耶識。前生所引業果熟故，即此亦名異熟果識。」[13]

　　由此得知，阿賴耶識，能生業果，就作用言，名阿陀那；就含攝義，能藏諸色，心法種子，名賴耶識；就果報言，名異熟識。故「集起心」，是諸種子，組合之體，依類而起，為根身性、器界所依，亦為眾生，感果主體。異名雖多，唯識學者，多所選取，阿賴耶識，以其名義，建立「能藏」、「所藏」「執藏」，作其意義。言「種種心」，謂前六識，心心所法，隨緣生起，與「集起心」，恆時相續，無有間斷，有所不同。阿賴耶識，隱伏微細，難察其妙，是故眾生，有所懷疑。世親亦云：「若爾，經句當云何通？如說：云何識取蘊？謂六識身。云何識緣名色？識謂六識。應知此經別有密意，如契經說：云何行蘊？謂六思身，非行蘊中更無餘法，此亦應爾。說六非餘有何密意？且如世尊解深密說：『我於凡愚不開演』者，『死彼分別執為我』故。何緣愚夫執此為我？此無始來窮生死際，行相微細無改變故。」[14]

　　由於六識、所依所緣、行相品類、粗易了知，故雜阿含，只

12　《大正新脩大藏經》第三十一冊 No. 1609《大乘成業論》，頁 0784c07(10)－0784c09(04)。

13　《大正新脩大藏經》第三十一冊 No. 1609《大乘成業論》，頁 0784c27(00)－0784c29(02)。

14　《大正新脩大藏經》第三十一冊 No. 1609《大乘成業論》，頁 0785a19(01)－0785a26(00)。

說六識，不提賴耶，密意而已。雜阿含經，雖言行蘊，括六思身，
事實言之，不相應行，亦屬行蘊。六識賴耶，互相依存，關係密
切。現行六識，熏習種子，存於賴耶，條件具備，始生作用，輾
轉相生，相互不離，一切作業，感果功能，悠然而生！如《瑜伽
師地論》云：

> 　　謂略說阿賴耶識是一切雜染根本。所以者何。由此識
> 是有情世間生起根本。能生諸根根所依處及轉識等故。亦
> 是器世間生起根本。由能生起器世間故。亦是有情互起根
> 本。一切有情相望互為增上緣故。所以者何。無有有情與
> 餘有情互相見等時。不生苦樂等更相受用。由此道理當知
> 有情界互為增上緣。又即此阿賴耶識。能持一切法種子
> 故。於現在世是苦諦體。亦是未來苦諦生因。又是現在集
> 諦生因。[15]

　　是故高標，阿賴耶識，「有漏」人生，世界本源，方得解決。
眾生於世，尚未解脫，上窮無始，下究無終，構成宇宙，有情世
間。阿賴耶識，受熏之說，疏解業感，流轉疑惑，與此同時，澄
清部派，有情生天（無想天、無色界、滅盡定。），一切疑難。《大
乘成業論》云：

> 　　應如一類經為量者。所許細心彼位猶有。謂異熟果識
> 具一切種子。從初結生乃至終沒。展轉相續曾無間斷。彼
> 彼生處由異熟因。品類差別相續流轉。乃至涅槃方畢竟

15　《大正新脩大藏經》第三十冊　No. 1579《瑜伽師地論》卷第五十一，頁
　　0581a26(04)－0581b06(01)。

滅。即由此識無間斷故。於無心位亦說有心。餘六識身於
此諸位皆不轉故說為無心。由滅定等加行入心增上力故。
令六識種暫時損伏不得現起故名無心。非無一切。心有二
種。一集起心。無量種子集起處故。二種種心。所緣行相
差別轉故。滅定等位第二心闕故名無心。如一足床闕餘足
故亦名無足。彼諸識種被損伏位。異熟果識剎那剎那轉變
差別。能損伏力漸劣漸微乃至都盡如水熱箭引燒發力。漸
劣漸微至都盡位。識種爾時得生果。便初從識種意識還
生。後位隨緣餘識漸起。[16]

　　世親菩薩，破斥經部：滅定猶有，細心論者，當入滅盡，加
行定心，停止六識，一切六識，心心所法，如是種子，潛伏不起。
唯「集起心」，含藏種子，須不現行，相續不斷，存於賴耶。故滅
盡定，猶存細心，實指賴耶，非第六識。隨時消逝，加行定心，
漸趨微弱，前六識心，一切種子，復歸能力，先起意識，次五識
生，名為出定。如是疑難，「色心互熏」、「滅定細心」，兩者過失，
盡得消除。由此可見，世親賴耶，受熏之說，會通佛理，釋疑解
惑，建立業論，偃息論諍。

　　輪迴主體之建立：釋尊創教，天竺圓音，立輪迴觀。依我佛
教，輪迴之基，建於兩論，一「緣起論」、二「無我論」，離此兩
者，皆非本教，如「一」「常」論，「主宰」「神我」……。是故五
蘊，假體實我，作輪迴體，皆不應理。瑜伽行派，為解此難，作
輪迴體，設五條件，方能釋疑，令人信服。何者為五：第一緣生，

16　《大正新脩大藏經》第三十一冊 No. 1609《大乘成業論》，頁 0784b29(01)－
　　0784c14(02)。

無自性故；第二意志，非主宰性；第三色心，能發業行；第四攝持，功能感果；第五續轉，必相因待。具足此五，輪迴主體，所造「業行」，於倫理上，方得稱理，符合眾生，「自作自受」，流轉業論。今瑜伽師，立「賴耶識」，作有情體，與前七識，因果依存，而賴耶識，非實自體（亦非實體），非常不變，契合佛理，「緣起論」故，是故相應，「輪迴主體」，首項要求。「阿賴耶識」，是諸種子，積聚功能，組合而成，隨緣變化，非獨立性，亦無主宰，更非永恒，所以者何？眾生入滅，證涅槃境，轉識成智，阿賴耶識，同時消失，合「無我論」，符轉世義，次項要求，得以滿足。「阿賴耶識」，含藏眾生，生命個體，物質精神，活動功能，能發業行，符第三義。「阿賴耶識」，以「業種子」，攝餘勢力，熏習相續，剎那生滅，寄存八識。行者證入，「無心定」時，前六識止，唯賴耶識，持種功能，續生效用，業種不失，合乎條件，第四者也。一期終結，阿賴耶識，以業種子，感招來生，根身器界，成業果報。是故當知，「發業主體」、「攝持感果、功能主體」、「感果主體」、全由眾生，各自具足，賴耶統攝，相因相待，轉化相續，合第五義。

三、近代學者對世親建立業論之評價

　　由是觀之，原始佛教，「輪迴」觀念，採「無我論」，納「緣起說」，依此義理，建立體系，「業感緣起」、「輪迴業論」、「感果功能」，一切矛盾，盡得消弭。於「造物主」，執「實自性」；立「神我」者，建「靈魂」說，其存在論，難於立足。瑜伽行派，經千

百載，嘔心瀝血，論證諍辯，破邪顯正，作權威說。如上所言，五條
規則，一應俱備，立「賴耶識」，釋疑解惑，「輪迴主體」，徹底解決。
瑜伽學者，力主唯識，非離識種，作業熏種，依賴耶識，一貫相續，
不斷變化，離此賴耶，無業可造、無種可熏、無果可報。世親菩薩，
撰《成業論》，息大論諍，圓輪迴說，建佛業論，……！[17]

近人李孟崧在其碩士論文《俱舍論對業之批判》認為經部之
二元論尚未周全，而阿賴耶識之建立正是佛教理論發展的必然結
果。同時，他認為世親唯識學之成就，《俱舍論》對此有著莫大的
貢獻。茲錄其原文如下：

「經部直接由思心所的活動來說明業的本質問題
時，提出思種熏習的觀念，所謂離思無異熟因，離受無異
熟果。此謂熏習，就是前念熏生後念。但經部又主張色心
種子互熏，在理論上，從而產生由色法種上生起心法種的
疑難。雖然如此，經部的種子學說，仍比有部的無表業觀
念來得進步。

經部的色心二元論的缺點，要到唯識學一元論才能得
到解決。因為唯識學建立阿賴耶識，是貯藏色心諸法種子
的庫藏，即使在無心定時，心法不起現行，但心法種子仍
相續不斷地存在阿賴耶識中，故能在出無心定後，即起現
行。阿賴耶識建立，實亦承經部細心的進一步發展的結
果。其實賴耶識的建立，實際亦是佛教理論發展的結果，
如上座部的有分識，化地部的窮生死蘊，經部的一味蘊，

17 林律光著：〈略論佛家對業論之解說〉，《清水灣文集》，收入林律光主編《香港學術精粹叢書》。香港：科華圖書出版公司，2009，頁 130－137。

都是此一思路的進展，唯識學的建立，即圓滿解決業力學說種種疑難。

　　俱舍論對業的思想提出討論，並偏於經部種子理論。世親是唯識學一代祖師，唯識三十頌實為其唯識思想圓熟之代表作，而種子的性質，（如種子之六義）及其如何能變現依正世界，唯識學都有圓滿的說明，故俱舍論之貢獻，實是奠定了唯識學的發展，唯識宗將俱舍論列為法相之基礎，亦可見俱舍與唯識之緊密關係。」[18]

　而王頌之之《大乘成業論》分別引《攝大成論》和《成唯識論述記》指出世親未能把「有受盡相」及「無受盡相」[19]二相之種子功能說得清楚，有所遺憾，並試圖推想其原因，茲錄原文如下：

　　　「故此，就種子的作用差別來說，有情作善、不善業後，熏習成善、不善性的「業種子」，這「業種子」受果有盡，只能感受一次異熟果報，便不能再感召果報。但另一方面，它的自體—「名言種子」仍然存在，能夠不斷生起現行。這是因為種子的體性，前滅後生，相似相續、恒

18　李孟崧撰：《俱舍論對業論之批判》（碩士論文）。香港：能仁書院哲學研究所，1983，頁 296－298。

19　無性菩薩造、玄奘譯：《攝大乘論釋》卷第三云：「有受盡相者。謂已成熟異熟果。善不善種子。無受盡相者。謂名言熏習種子。」（《大正新脩大藏經》第三十一冊 No. 1598，頁 0398a23(00)－0398a24(00)。）簡要言之，從因到果，生命體變，種子成熟，謂異熟果，此異熟相，非同一貌，如種生芽，成異熟時，果報來臨，善業樂報，惡業苦報，受用有時，時到即結，故名之曰，「有受盡相」。由思所熏，成名言種，相續不斷，輾轉復生，無窮受用，故名之曰，無受盡相。

轉無盡。所以每當遇緣時，便生起現行，現行起時又熏習
新的種子；又能作思種子因緣，重行造業。這便是《攝論》
所說的「無受盡相」了。故此，必須說明種子有受盡與無
受盡二相，唯識學中業種酬果的原理才得明顯。

　　但世親在《成業論》中雖已透露業種酬果的原理，但
仍未能清楚說明種子差別的作用，更未有提有「有受盡相」
——「業種子」及「無受盡相」——「名言種子」不同的
觀念，對業種酬果的解說仍只承襲經部舊義，這未免美中
不足。但推想起來，原因可能有二：

　　第一、世親在撰作《成業論》的時候，是初習唯識不
久，個人唯識學的思想並未完全成熟，所以不願在《成業
論》中提這等深奧的義理。

　　第二、世親撰作《成業論》的目的只是對部派業論作
出全面檢討，並以建立業感所依的大乘正義來疏解佛家無
我而有業果理論的疑難。思想立場雖是大乘唯識學說，但
立論的對象卻是部派佛教學者，所以只在論中力圖完成作
論的旨趣，而不急於建立進識思想的體系，這可說是用心
良苦！」[20]

　　李潤生先生之《佛家業論辨析》認為世親把心分為「集起心」
和「種種心」能圓滿地解釋「生無想天」及「生無色界」出定之
所依，並成功將經量部之「心物二元論」轉到「唯心一元論」，成
為佛家偉大哲學的貢獻。茲錄原文如下：

20　王頌之：《大乘成業論》。香港能仁書院研究所（碩士論文），1982，頁206－
　　207。

　　「世親的「種子熏習」與前節所述的經量部的「種子熏習」，在種子自身的涵義上無大差別，而世親主「種子熏習」而無「心互持」的負累者，其原因在唯識宗於「種子」與所依的「心」（阿賴耶識）之間，建立其精密而微妙的關係有以致之。

　　然此問所謂「熏心相續」的「心」並非原始佛學中所說的眼等六識，而是唯識宗依經教與諸部思想所建立「阿賴耶識」蓋世親在大乘成業論中，把「心」分為二大類：

　　一、集起心——無量種子所集起處，即阿賴耶識。

　　二、種種心——所緣行相差別而轉，即餘心、心所。

　　為要解釋生「無想天」及「無色界」而後復能再起心、色的原理，世親以為生「無想天」，種種心雖停止其活動，而集起心則無不在活動之中，故一切心種色種俱可以「阿賴耶識」此「集起心」以為所依，藏於其中而無過患，及於後時，出「無想天」，心種亦能從「集起心」後起活動，生心、心所諸法。同一理趣，生「無色界」時，一切色種可藏於所依的「集起心」中，為後時再起的親因。如是立「集起心」的「阿賴耶識」以攝藏種種法的種子，作一切作業與感果的所依，於是從經量部的「心、物二元論」轉到「唯心一元論」去，從原始佛學的「業感緣起」轉到唯識的「阿賴緣起」去。此外更立「末那識」以顯示有情無始時來的一貫我執的人格，使唯識思想體系更趨嚴密，而為佛學哲學中的一大貢獻。世親以「種子」為感果的媒介，以「阿賴耶識」為作業與感果的所依，則上述「業感」的

第一、第二疑難，遂得以周全與合理的解答。」[21]

　　業為佛法，中心論題。眾生輪迴、主體流轉、作業酬果，建於此理。欲為解決，「輪迴流轉，主體困難」，小乘「有部」，建「無表色」、「正量部派」，立「業體性」、「經量部派」，始創「色心」、互持種子，及「細心說」，乃至大乘，「中觀學派」，「作諸法相，實有境界」，破而不立，於佛理中，「業感緣起」，漠不關心，仍無方法，圓滿解決。凡此種種，尚無方案，調解眾生，「主體輪迴」，困難之處。綜觀小乘，所持論據，其理矛盾，漏洞百出，智者不取，學者不服。至公元時，約五世紀，大乘教派，瑜伽論師，無著世親，相繼出現，對此問題（業感緣起），衍生之難，博採諸家，兼容並蓄、取長捨短，集百家精，補瑜伽短，將之圓善，終以「緣起」、「無我」為基，將佛業論，圓滿解決。

　　綜觀上述，從事佛教業論的學者認為：「阿賴耶識」之建立是佛教業論的必然發展；有說，此世親之業論雖未盡善，仍能解決業報酬果之疑難；或說，由「業感緣起」到「阿賴緣起」，或從「心物二元論」到「唯心一元論」……，由此證明了佛家的業論到了世親晚年已得到了破天荒的革新，解決長久以來部派佛教、外道等對業報流轉所帶來的種種爭辯，並將輪迴的主體變得更加合理化。故此，《大乘成業論》之面世，不單將小乘部派之業論疑難解決，而且確立了大乘種子學說之思想體系，這就證明世親從小乘過度到大乘對業論看法之轉變了。故研習「俱舍學」，既能掌握小乘各部之思想體系，又可為研習大乘思想作一部署，它發揮著承

21　李潤生：〈佛家業論辨析〉，《法相學會集刊》第一輯，香港法相學會，1968，頁19。

先啟後的作用，對世親的個人思想及佛教理論發展之脈絡，自然
一目了然。

中國民間宗教教派

── 略論羅教之起源與發展

一、緒　言

　　羅教雖為白蓮教之分支，但其在白蓮教之影響，頗為具大。在中國歷史上，構成一股巨大的社會勢力，這種秘密宗教，在世界歷史上也十分罕見。本文旨在對「羅教」之盛衰、流變、發展、傳道方法、教義、組織及教主本人……作一探討，讓讀者對羅教有一清晰而詳盡之了解，以歷史、典籍、社會及其宗教現象等作多方面探求，並作一縱述。本文將採用羅組《五部六冊》之原典作一分析，識別其內涵。依此，以觀其流變，不難知其梗概，並作一評論，讓讀者全面認識其教內之運作，此為本文之鵠的。

　　論文結構方面：全文分為導言、正文及結論三大部分。全文之理論脈絡，會順著討論羅教的問題而形成，通過歷史、社會、民間信仰的重要性，便進入主題。首先，我會標舉其歷史淵源，進而試圖從其傳道、教義、組識、關心儀去分述其盛衰，繼而以一總論作結，為後之研究者作一分析。

二、白蓮教與羅教之歷史淵源

（一）晉　代

　　晉時，高僧慧遠創淨土宗，以唸佛名號為主，故又名唸佛宗，大師掘淨池種白蓮，故名「白蓮社」，此為日後佛教大乘派系之一。及後，有邪教竊其名義，創教立宗，實與佛教無關。

（二）隋　代

　　自佛教傳入中國，人民經歷多年戰火，苦思解脫，多求安樂，故多信奉佛教，民間之彌勒教則應運而生(秘密宗教)。大業六年元旦，彌勒教信徒，燒香持花，素冠練衣，聚眾數十，硬闖官門，立時被殺，且株連甚廣。大業九年扶風人向海明，自稱彌勒再生，稱帝作亂，被煬帝遣吏平定。彌勒教眾伏誅，無辜平民死傷無數。

（三）唐　代

　　唐時，開元年間，彌勒徒王懷古，妖言惑眾，揚言「釋迦退位，彌勒接掌」；又稱「李家欲滅，劉家欲興」。朝廷憤怒，頒令各地，緝捕妖人，就地正法。開元 24 年，劉志誠作亂，驅掠路人，向咸陽進發，迅被官兵捕殺。[1]

（四）宋　代

　　宋時，廣歷七年，彌勒教首王則，利用貝州人民信仰，亦以

1　宏妙法師，《天道真傳》，(台北：佛教出版社，民國 64)，頁 3。

「釋迦退位，彌勒掌天」之說，妖言惑眾，聚眾謀反，且勾結當地敗類，自立為東平王。事洩，為官兵圍剿，終被誅殺。[2]

（五）元　代

元時，因政治腐敗，白蓮教徒乘時掘起，倡「三期末劫」之說，妖民惑眾。先有郭菩薩(自稱)稱「彌勒將有天下」，後有韓童山、福通等人另組白蓮社，妖言「天下當亂，彌勒濟世」之說。其後白蓮教徒分為南北兩支，北支為韓童山之子韓林兒，南支則為徐壽輝。元末彌勒教之白蓮會雖激發民族意識，推翻暴政，但紅巾首領多為市井之輩，盜寇流氓。[3]

（六）明　代

明時，太祖即位，下令嚴禁白蓮教之一切活動。自此，白蓮教教徒均以晚間進行傳教活動，成為秘密結社組織，以避政府緝捕。永樂七年及十八年分別有金剛奴，邵福、唐賽兒、張獻忠、羅尉群等，宣揚教義，以術法符咒迷惑教眾，終被捕伏誅。白蓮教在明之一朝，利用愚民信仰宗教，蓄奸謀亂，禍延社稷。[4]

（七）清　代

清朝時，白蓮教又分為混元教、善友教、無為教等教派，其名雖異，實屬一派。清對邪教查禁甚嚴，各派均轉地下活動，由彌勒教、白蓮教之「反元復宋」而成為「反清復明」秘密結社，

---

2 同上，頁4。
3 同前註1，頁5-7。
4 同前註1，頁8-9。

無日無之。白蓮教自元至清，每次謀反失敗均改名換姓，以避政府追捕，因此其教名稱數之不盡，如真理教、八卦、天理教、龍華教、白陽教、義和拳、三教合一、羅教、五教合一……至今改為「一貫道」[5]

（八）小　結

白蓮教分支甚多，名目不一，彼此互疊互用，故其派別難於分辨。清初劉佐臣分卦收徒，八卦教已成白蓮各派之通號。王倫清水教稱「儒門弟子」羅蔚群所倡「三教合一」，林青之天理教….皆為八卦教之餘孽所用。明中葉白蓮教出現這種分化與流變，其思想及行為對後來的無為教造成了潛移默化的影響，對後世中國民間宗教的造成既深且遠之影響。由此觀之，羅教與白蓮教等教實有不可分割之關係。

三、羅教(無爲教)之產生

羅祖因為能做到恩格思所說「創立宗教的人，必須本身感到宗教的需要，並且懂得群眾對宗教的需要。」故其教在明朝大行其道。成化十八年，在華北北部一窮鄉僻壤，產生了一支名「無為教」的新興民間秘密教派。此教迅速發展，一時所向披靡，對當、後世影響極深。他是位名不見經傳之退伍軍人 —— 羅清。

---

5 同前註 1，頁 34。

（一）羅教教主生平簡介

羅清，又名因，亦名夢鴻，法名普仁，後世稱羅祖、無為教主、無為居士、羅道教、羅道祖等，故其始創之無為教亦簡稱羅教。[6]

羅清原籍山東萊州府即墨縣（今山東省即墨市）[7]，家境清貧，三歲喪父，七歲喪母，十四歲代叔從軍，生活清苦，明史記載：

> 敝衣菲食，病無藥，死無棺[8]

從而飽嘗人間苦痛，萌發對宇宙人生的追求及狂熱，開始參師友，歷盡艱辛，成一自創教祖。據《巍巍不動泰山深根結果寶卷》卷末記載：

> 俗家住在山東萊州府即墨縣猪毛城成陽社牢山居住。祖輩當軍，密雲衛古北口司馬台霧雪山江茅峪居住。[9]

羅清耗盡一生精力，終日誦經唸佛，參禪靜坐，將佛、道、儒三教思想，晝夜參究，終悟無為大道，依此創立無為教。

（二）教主之神話傳說

一個創教之主，歷來都有神話傳說，引人入勝，羅祖亦不例外，其《五部六冊》有這樣的記載：

---

6 《苦功悟道卷》附蘭風作《祖師行腳十字妙頌》，明萬曆二十四年注本。
7 《三祖行腳因由寶卷・山東初度》。
8 《明史卷 160・張鵬傳》。
9 《巍巍不動泰山深根結果實卷》。

「羅祖悟神通，通文精武，以三箭蓮花擊退十萬八千
韃子，為明之一朝解困。又以無為法，將滿朝文武百官折
服，盡收門下，惟其神功異力，被陷為妖術，收入天牢，
加以摧殘，惟以信念堅定，又得徒兒張永協助，召愛徒入
牢口授筆錄其語悟道玄機，寫成今之《五部六冊》。」[10]

羅清獲釋，先於密雲傳教，後歸山東授徒，信徒來自各社會
階層，有軍丁、水手、太監、生員、名僧、農民……。[11]嘉靖(明
神宗年號)六年，羅清坐化，享年八十五，葬於北京檀州附近，供
後人景仰。[12]惟羅祖之傳說未載於《五部六冊》，無庸置疑，羅組
有被神化、誇大之嫌。至於《五部六冊》並非他本人所作，亦屬
事實，以上兩點由於年代已久，亦無從稽考，惟其寶卷於當世影
響深遠，已是不爭之事。

四、羅教之傳承

羅教之傳承有二：羅之一教，(一)以世襲血緣一脈相傳，嘉
靖六年(1527 年)，羅清仙遊，其教權由其子女羅佛正羅佛廣接掌。
及後，經羅清孫羅文舉，重孫羅從善，七傳至清雍正，乾隆年間
之羅明忠，皆為無為教主。[13](二)以異姓傳燈弟子，列表如下：

---

10 見註 7 。
11 秦寶琦：《中國地下社會>，(學苑出版社，1993)，頁 97。
12 《苦功悟道卷》附周如砥《北檀州耀祖部卷追思記》，康熙九年重刊本。
13 《軍機處錄耳目奏摺》，乾隆三十三年九月二十一日，宜隸總督楊廷璋奏摺。
　　(轉引自馬西沙、韓秉方《中國民間宗教教派研究》，(上海：上海古籍出版
　　社，1993。)

輩　份	姓　名
第一代	李心安
第二代	秦洞山
第三代	宋孤舟
第四代	孫真空
第五代	於昆岡
第六代	徐玄空
第七代	明　空

此外，羅清還傳有出家弟子。其中著名的有釋大寧和尚，於正德年間拜羅清為師，改信無為教，並著有《明宗孝義達本寶卷》等，闡揚羅清教義。

五、羅教寶卷之內容及傳播

羅祖的《五部六冊》可體現羅清的宗教思想，其內容如下：

第一部經《苦功悟道卷》，一卷一冊，不分品。該卷詳細地敘述了羅清十三年晝夜不停參苦大道的歷程，又稱「十八參」[14]

第二部經〈嘆世無為卷〉，不分品。該卷嘆息、世間三災八難，師徒面色不常，父子恩愛等等，反覆講述「虛空」道理，宣揚世人要脫離苦海，只有趕快參拜「明師」，加入無為教。[15]

---

14 李世瑜《民間秘密宗教史發凡》，《世界宗教研究》（第一期），1989。
15 同上。

　　第三部經《破邪顯正鑰匙卷》上、下兩卷，二十四品。該卷認為「一切有為之法」均屬邪見偏執，必須破除，同時弘揚羅清參悟出來的「無為正法」，以此作為一把打開通向悟道明心大門的「鑰匙」，交與信仰者。[16]

　　第四部經《正信除疑無修正自在寶卷》，一卷一冊，二十五品。該卷從正面闡述了無為教教義，以堅定信奉者的心，並批判了白蓮教、彌勒教等害人邪法，告誡信徒不可輕信上當。[17]

　　第五部經《巍巍不動泰山深根結困寶卷》，一卷一冊，二十四品。該卷探討宇宙本源、世界生成，教導信徒要「識得本來面目」，要求信徒崇奉「無為教主」與「無為大道」，要像泰山那樣巍巍不動，堅定不移。[18]

　　由此可知，《羅祖五部經》從清苦悟道→述世間無窮苦難→望早得解脫→破障道敗法→勸世堅信無為法，便能得道解脫。除羅祖之《五部六冊》外，其僧俗弟子所著的其餘典籍，令其教義不斷完備，更加速羅教之發展。例如，有李心安之《大乘語錄》、秦洞山之《無為正宗了義寶卷》、宋孤舟之《種林寶卷》、孫真空之《銷釋真空歸心寶卷》、徐玄空之《般若蓮花寶卷》、明空之《佛說大藏顯性了義寶卷》、釋大寧之《明宗孝義達本寶卷》等等。因此，羅清的宗教思想，經僧俗異姓相繼弘傳與發展，至萬曆年間，已逐步形成一套完整的無為教教義思想，更贏得了下層民眾的狂熱信奉。

16　同前註 14。
17　同前註 14。
18　同前註 14。

六、寶卷之思想特色

（一）「眞空家鄉」說：

「真空家鄉」、「無生父母」論是羅清的宗教思想，主要有二：一是刻意標示著晚明理學，認為心不外「人心」與「道心」，將佛儒融為一體；二是「真空家鄉」與「無生父母」，前者是諸佛之本源，萬物之根基；後者，東土眾生則是「離故鄉，在外邊，如影隨形，真父母在家鄉，每日盼望」[19]。

羅祖真空家鄉思想，出現於《五部六冊》中。何謂「真空」？《苦功悟道卷・達本尋源品第七》有云：

> 空在前，天在後，真空不動……這真空，往上參，無有盡處，這真空，往下參，無底無窮。這真空，往東參，無邊無際，這真空，往西參，無盡無窮。這真空，四維參，無邊無際，是佛身，一體處空。

羅祖「真空」是指非相對性的，不落名言概念，否則便著相。這一如佛家禪宗的執著。《能斷金剛波羅蜜多經》云：「若以色見我，以聲音求我，是人行邪道，不得見如來。」這就是禪學中的「凡所有相，皆是虛妄」的基本要素。

羅祖將「家鄉」解作「自在」、「逍遙」、「極樂之境界」。《五部六冊》中記載：

19　《明宗義達寶卷・化賢劫》。

離家鄉在苦海，萬萬生死，我如今到家鄉，永不輪迴。
到家鄉，極樂園，長生不老……，到家鄉，極樂園，縱橫
自在……到安養，極樂園，真人聚會……我如今，亦得了，
安身立命，任逍遙，得自在，快樂無窮。[20]

綜觀上文，羅祖的「真空家鄉」思想，亦恪守禪學色彩，其
宗教思想有二：一是否定外在化的虛空思想；一是肯定外在化的
真空家鄉論。

（二）三教同源論

的確，寶卷文體實與傳統佛經有文野之別，顯示低下層粗俗
信仰，其內容冗贅矛盾，屢見不鮮。因此《五部六冊》內容特色，
皆以儒、釋、道三家思想揉合而成，而以佛教教義最具特色；羅
祖將其通俗化、世俗化、民眾化，為百姓所接受之宗教，然後以
宗教文學將其形式化，再以寶卷表達出來。秦洞山說：

夫中國有三教者，儒、釋、道是也。自伏羲畫始於此，
自漢明帝夢金人而釋教始於此。三教者，儒以正設教，道
以尊設教，佛以大設教是卦而儒教始於此，自老子著《道
德經》而道教也。一切天下之人，不過善惡兩途。三教聖
意，無非教人改惡從善。[21]

羅祖善用概念連繫三家融通的特徵，例如「真空」是佛家語，
而「家鄉」與中國傳統的色彩有關，尤其受儒家重土安遷傳統觀

20　《苦功悟道卷·混元一體品第十六》。
21　《無為正宗了義寶卷，明教品第六》。

念的影響，故國民有生養死葬在家鄉之眷戀。明顯地，羅祖利用各家不同之名言概念把佛儒進行融合，整理。此外，「無極」是道家語，而「聖祖」是羅祖自創。由此可推想，他又利用道家的名言概念襯托其聖祖名稱來突出中國傳統思想的觀念。

羅祖主要站在佛教的立場上，去融會儒釋道三教。他的宗教思想在發展過程中具有特別的歷史價值意義。

（三）創世論

然而，寶卷另一特色是羅祖之創世論。在羅教《五部六冊》中，亦編織了一套為自己宗教立場而度身訂造之創世學說。其寶卷是這樣的記載：

> 說《太極圖說》作証，未有天地之時，混沌如雞子，溟滓始芽，鴻蒙滋萌。太極元氣，函萬物為一。太極是生兩儀，兩儀生四象，四象生八卦，八卦為乾坤世界。理即是道，道即是理，理即是善，善即是理；；理即是太極，太極即是善，善即是太極。未有天地，先有太極。[22]

從文中不難發覺，其創世論者，皆不離儒、道之材料揉合而成，絕非獨創。

（四）宇宙觀及本體論

羅祖藉著佛教的宗教思想，加上自身的特點形成其獨特的宇宙觀及本體論。他認為「本性」先有，並涵蓋萬有的說法，在其

---

22 《未曾初分無糧太極雞子在先品第十七》。

《五部六冊》中以不同形式表達出來。例如《嘆世無為卷．破諸經偽品-第十一》曰：

> 這真身原是諸佛聚會，想當初無天地，一體真身……
> 這真身無天地有本體，想當初無日月先有真身。想當初無
> 諸佛先有本體，想當初無凡聖先有真身。想當初無僧俗先
> 有本體，想當初無戒律先有真身。[23]

又《破邪顯証鑰匙卷破稱讚妙法品第十七》曰：

> 西方淨土是本源，未有天地元在前。諸上善人見本
> 性，釋迦彌陀便同肩。西方淨土人人有，本無修言正元在
> 先。未有天地先有性，釋迦彌陀便同肩。未有天地先有性，
> 未有天地原在前。諸上善人見本性，釋迦彌陀便同肩。（同
> 上）

羅祖在這裡將「西方淨土」、「性」視為先有的本源存在。
又《破大道本無一物好心二字品第二十三》曰：

> 想當初無天地先有本體，想當初無菩薩先有吾身。想
> 當初無仙佛先有本體，想當初無菩薩先有吾身。想當初無
> 僧俗先有本體，想當初無男女先有吾身……未曾初分先有
> 我，今朝因何不承當？未有天地先有我，今朝如何不承
> 當……未曾初分是古佛，因何今朝不承當？（同上）

這裡把「吾身」、「我」、「古佛」視為先有的本體存在。

---

23 轉引至徐小躍《羅教與五部六冊揭秘》。

又《巍巍不動泰山深根結果寶卷．未曾初分無極太極雞乎在先品第十七》曰：

> 未有天地先有一，一者本是無極身。太者本來是無極，太者本來是太虛空。無極本來是太極，太極本來是名字。（同上）

羅祖在這裡把「一」作為先有的本體存在。

由此可知，羅祖將「真身」、「吾身」、「古佛」、「生」……都視為先有的本體存在。他表達名相雖異，實指同一義──先有本體。故羅祖的「本性」是表示「虛空」的存在，而「虛空」即「無相而質相」的存在。此外，羅祖之宇宙觀也顯示於秦洞山之無為正宗了義寶卷內。寶卷有這樣的記載：

> 太真空，無極道，先天之祖；諸佛母，為正大，萬物之板。
> 未有天，未有地，先有大道；無山河，無人緣，先有真空。
> 空在前，物在後，真空大道；有天地，各人倫，無極發生。
> 發春秋，並四季，能1.萬物，玄妙道，無為法，灌滿乾坤。
> 盡虛空，過十方，流通三界；但沙類、諸世界，普達四生。
> 道無常，理無盡，穿山透海、無極道，為正主，執掌乾坤。
> 從無始，至如今，此為斷減；無生有，有盡無，妙用無窮。[24]

這種不立寺廟，心中有佛之境界，表現出羅教之宇宙觀，虛空無我之修行態度。故該卷有「打破三千界，推倒太須彌」之精闊詞句。或以佛家偈語：「佛在靈山莫遠求，靈山就在汝心頭；人

---

24 《無為正宗了義寶卷．混源一體品第二十四》。

人有個靈山塔，好向靈山塔下修」來表示之。因此，羅祖的宇宙觀和本體論強調諸法本性的虛空，實指永無變易而無邊際之彌漫狀態。

七、羅教與青幫

據史書記載，羅祖創教後，雲遊各地，宣揚羅教。由於他本為守邊軍人，故最初信徒，多以運糧軍丁與漕運水手以及駐軍官兵為多。明中葉，羅教活躍於運河一帶，逐漸形成水手行幫，最後羅教之教義、禮儀演變成青幫之幫規、暗語，更甚者被利用為販私，擄劫……犯罪基地。

（一）元、明、清運河情況

元明清三代對經濟活動甚為重視，各朝為了調節糧食來穩定政權及作戰備之用。此時南糧北運，設官專賞，惠及蒼生。《元史}記載：

「船既通行，公私兩便」。[25]

可想而知，當時對漕運之依靠，甚為重大。

元之一代，對會通河和通惠河加以修葺，賴以運糧，仍不能完全解決運輸之需求，而權貴商賈為圖厚利，屢造大船，以阻礙官民舟楫，唯依靠海運。至明永樂年間，由南至北的大規範運輸

25　《明史・志十六・河渠》

糧食，略見普及。明史記載：

> 明成祖肇建北京，轉漕東南，水陸兼挽，仍元人之舊，參
> 用運河。逮會通河開，海陸並罷。[26]

又曰：

> 運船之數，永樂至景泰，大小無定，為數至多。天順以後
> 定船萬一千七百七十，官軍十二萬人。[27]

（二）漕運分幫的情況

到清時，由於漕運發展迅速，漕運開始分幫分派，各據利益。
例如漕運按地分配，計有白、衛、湖、浙、河、閩、江等漕。省
區則按地分幫，幫中又分為數個堂口。最後，則以江、浙兩省勢
力最大，兩漕約佔整個漕運一大半，漕運水手盡集於此。

由此觀之，自明末至清，漕運水手皆依海運為生，而其宗教
皆奉信羅教，故羅教倡立不久，得以迅速發展，這不單由於其教
義迎合民眾，而且兩者的經濟及組織上實有著密切之關繫所至。
茲引文獻，以資證明：

> 浙幫水手，皆多信奉羅祖邪教。浙省北關一帶有零星庵
> 堂，位居僧道，老民在內看守。其所供神佛，各像不一，
> 皆係平常廟宇，先有七十二處，今止三十餘所。各水手每
> 年賺出銀錢，供給瞻養，冬月四空即在此內安歇，不算房

26　《明史‧志十六‧河渠》
27　瞿宣穎纂輯：《中國社會史料叢鈔》。上海：上海書店，1985，頁460－461。

錢。飯食供給餘，即為沿途有事訟費之需。而淮安、天津、
通州、京師俱有坐省之人為之料理。各幫水手多係山東、
河南無業之輩，數以萬計。。[28]

依此脈絡，我們不難理解羅教傳播之快，信眾之多及影響之
遠！近代學者馬西沙十分認同這個見解。他說：

> 明末出現在杭州水次羅教教團，曾經以它的庵堂起到
> 某種維繫江浙水手關係的作用，對水手間的互助和團結起
> 到了某種精神細帶的功能，具有一定的凝聚力。……因
> 此，「有患相救，有難相死」的互助要求，成為勞動人民
> 結社的前提……。[29]

由於庵堂能提供生活一切所需，水手對應堂甚為依賴，逐漸
在信仰上由宗教轉移至行幫會社，其原因有三：
（1）羅教組織成分單一化，
（2）宗法師承取替血緣世襲;
（3）從宗教信仰到祖師崇拜。
乾隆三十三年行幫會社最終形成，時乾隆帝下旨剷除羅教，
大部份庵堂，毀於一旦。行幫會社權力系統得以抬頭，且日後輾
轉發展為青幫。

---

28 馬西沙、韓秉方《中國民間宗教教派研究》。上海：古籍出版，1993)，頁
279。
29 同上，頁258－259 。

八、羅教之傳道方式及禮儀

據史書明載：羅教本是白蓮遺孽，蓋因聚眾作亂，邪說惑眾，為避官府緝捕，換名改教，避人耳目，暗暗相傳。其選眾納徒，也有一定之程序及要求，茲分析如下：

（一）羅教之傳道方法

教徒入道之後，得到莫大慰藉，有堅定之信念去追求無生老母所賜之福澤。信眾亦不惜家財捐贈，出外傳道，在親友之間常以口號作宣傳，一些入道者，可能礙於情面，才加入其教。若傳道者無功而返，可能來一招威嚇技倆，說什麼「三期末劫」難逃厄運之說。

（二）集會情況

羅教傳道有謂「辦道」、「聽道」教徒十分認真。「辦道」者，是點傳師、講道師、壇主之類，為教徒處理「末後一著，收圓大事」。傳道者會竭盡所能，佈教宣法。「聽道」者，指信徒每月有固定集會或不定期集會。首先由堂主專程通知各小堂堂主，然後輾轉傳入各個小村落，信徒得知，於指定日期前往聽道。為達其目的，羅教一派首創「三教合一」，五祖將無生父母發展得更為完備，據五祖孫真空說：其為至高無上之天尊本體，恆常不滅，主宰大道，稱「玄玄上帝」、「維皇上帝」、「明明上帝」其名繁多，不一而足。又說大道為萬物化育，故稱其主宰天尊為神母、聖母，

暱稱「老母」、「老娘」。[30]

（三）羅教傳道禮儀

羅教禮節頗多，計有獻供禮、獻香禮，請壇禮、點道禮……。
信眾經「引師」及「保師」保薦，再由辦事人焚燒奏章，接受點
道，狀似掛號。由於「領受天命」和負責「點玄關」的「點傳師」
多居於佛堂之上，稱堂主或壇主，故信徒對其特別恭敬。儀式進
行時，首先點傳師就其位，繼而堂主，講道師、上、下執禮員，
老道親，各依身份，論資排輩，求道者立佛案兩旁，觀其禮。分
別有獻結緣香、獻果儀、供佛、叩首、獻供體…..。[31]

（四）請壇禮

在獻供禮完畢後，請壇禮便開始。點傳師上香五炷及誦讀請
壇徑。接著，點傳師跪讀：「末後一著昔未言，明人在此訴一番，
愚夫識得還鄉路，生來死去則當前。今有欽加頂恩某某率眾等，
虔心在明明上帝蓮下，又申請三期應運，彌勒古佛之千弟子，諸
般星宿到此還際，同助三佛，普收蘊數，末後大事，明白通情。」
至此，下執禮員手持疏文讀出求道者姓名，並請求道者就位。繼
而執禮員跪佛前讀誦「疏文奏表」，唸完後焚於佛案香爐內。這樣
便做到「天堂掛號，地府抽名」。羅教門徒認為求道者從此靈魂超
升，不墮地獄。羅八祖明空對此闡釋甚詳。[32]

30　孫真空：《鎖釋真空掃心寶卷》。
31　李世瑜：《現在華北秘密宗教》。四川：四川大學史學系，1948。
32　同上。

（五）發毒誓

當信徒受過「請壇禮節」 繼而受「點道禮節」凡入教者，必先令教徒發毒誓，藉此來束縛教徒，使其永遠不敢叛教。其後首傳三寶之一的「合同印」 安排信徒跪於殿前，其誓言為：

> 某某某虔心跪在明明上帝蓮下，今天願求真理大道，性理真傳，得道以後，誠心保守，實心懺悔，如有虛心假意，退縮不前，欺師滅祖，藐視人前，不尊佛規，漏天機，匿道不現，不量力而為者，願受天譴，五雷轟身。[33]

對於善良而無知的信徒來講，的確產生了很大的監控作用。

（六）點玄關與傳口訣

發誓後，入道者須由點傳師作「引路歸家」即以長香在壇前「母燈」上引著後，向求道者眼前一點，然後放回母燈之上。又唱唸「一切諸神護庇靈壇，我今傳你本來玄妙關，宏誓大願永不能完」，其後唸「一指中央會」、「萬法得超然」這儀式便是著名的「點玄關」。最後授與求法者「無太彌勒佛口訣，名五字真言或無字真經。點玄關，授合同、傳口訣」統稱「傳三寶」[34]。

（七）小　結：

羅祖傳道本以《五部六冊》為主，但異姓與僧俗弟子之發揚及傳承，逐步形成一套無為教教義思想，兼收並蓄，除以無生老

---

33 同前註 31。
34 同前註 31。

母為最高崇拜偶像之外，復以龍華三會及彌勒為信仰核心，並吸收內丹修煉，以及規範化的入教儀式，當中納入不少白蓮教派各分支之思想、儀軌。這也是民間宗教爭取群眾支持之必然結果。

九、羅教對後世影響

羅祖自創教以來，信眾與日俱增，從原本北直隸、山東、河南，並通過運糧軍丁將無為教傳至南方。當中羅教思想不斷被修改、補充、增冊……臻於完善，成一極具系統之教義，其影響引至傳統宗教及朝廷亦不可忽視，可見一斑。例如，明萬曆年間，名僧憨山攻擊無為教為「外道」並號召「凡為彼師長者，率徒眾來歸，自此始知有佛法。」[35] 繼有佛教僧人密藏道開、蓮池株宏痛責無為教為「蚊蟲鵃聚，唱偈和佛，邪淫混雜……此其教雖非白蓮，而為害殆有甚於白蓮者乎！」[36] 又萬曆四十三年六月，朝廷頒令禁無為教，禮部《請禁左道以正人心》記載：

> 有羅祖教、南無淨空教、悟明教、淨空教、大成無為教，皆諱白蓮之名，實演白蓮之教。……不及令嚴為禁止，恐日新月盛，實煩有徒，張角、韓山童之禍將在今日。[37]

由此可見，當時無為教之發展，不但引起傳統宗教之震驚，而且引起了當朝統治階層之恐慌，其影響之甚，自不待言。

---

35 福徵：《憨山大師年譜疏》（卷上），萬曆十三年。
36 蓮池大師《蓮池大師全集‧正訛集》。台北：中華佛教文化館，1973。
37 《明神宗實錄》（卷五百三十三），萬曆四十三年六月庚子。

十、結　論

　　本文主要以羅教之發展及其歷史淵源作一重整,至於羅祖其人及其教之思想是否值得推崇,則意見不一。依筆者之見,若從研究民間宗教為著眼點,則民眾信仰、社會發展,皆值得探討,以洞悉當時民眾之思想,反映社會大眾之心理及宗教現象;誠然,若於宗教信仰,典籍研究或修持方面,則未免有所遺憾。蓋羅教之《羅祖五部經》及其宗族異姓所著之作品,皆取於儒、釋、道三教經典,尤以佛典為甚,將其揉合而成,或加以整理、改良、增刪,成其宗教寶卷。以《大乘苦功悟道經》來說,概述羅祖修行悟道之經歷,其所合攝之經典,大部份取自佛典,例如有《大藏覽集流通品》、《大涅槃經・二十八卷》、《圓覺經・卷下》、《金剛經》,而增刪的經典則有《大乘金剛寶卷》、《心經卷》;其表達形式是從唐代之「變文」和宋代之「說經」發展而來的一種通俗說唱格式的經卷,多以通俗唱唸、散文、偈語、韻文、唸佛號、曲牌、軍事韻湊集成文。蓋其夠通俗,故甚流行於世間,而民間教派則用它作為宣傳教義。然其教亦摻雜彌勒教、白蓮教等民間宗教色彩,故其教及典籍越演越繁,實無從一一引證,盼後之來者能發掘有關文獻,以證其真貌。重要的是:此教對民間教派有承先啟後之作用,在明之一朝實擔當一重要角色,如日後之龍華教實為羅教之延續。有學者認為,白蓮教及羅教實屬不同民間宗教,所持之論據是在《五部六冊》中痛罵白蓮教為邪教,馬西沙亦指出:此教為朝廷明令禁止,所以羅教痛責白蓮實屬托庇圖存,

掩人耳目之詭計[38]。雖然馬西沙在後段分析羅教以佛家禪宗頓悟說，痛責白蓮教唸佛宗依他力而誤入歧途，進入頑空境界。他以修行方法為證，判斷兩教迥然不同，互不牽涉[39]。但馬西沙卻沒有從歷史背景之淵源舉證。反觀，宏妙法師的《天道真傳》及鄭燦所著的《中國邪教禍源考》對白蓮教之脈絡發展較有歷史根據。對此，筆者認為白蓮教與羅教是否兩者迥異，實有所保留。惟兩教竄改歷史，捏造神祇，曲解各教經典，皆屬實耳！或許，一如馬西沙所言「民間宗教的一大特點就是善於巧妙地把各種思想、信仰中現成觀點融匯到自己的教義中來，以適應形勢，爭取群眾。」茲舉實例，以資證明：

1.白蓮教別支「毫」首領羅尉摹稱八祖，提倡「龍華三會，彌勒下生」之說。按佛典原載龍華三會皆由彌勒說法，所度者三會，依次為九十六億、九十四億及九十二億，羅八祖則謂彌勒僅在第三會說法，只度眾生九十二億。此為一證。

2.彼又說「彌勒下生」是指釋迦退位，彌勒當世承運掌教。據佛典《彌勒上、下生經》說：彌勒至今尚為菩薩，在兜率天為天人說法中，須五十六億七千萬年後下生，才繼釋迦之位[40]此為二證。

3.然彼教更說羅尉群自稱為「八祖」是白馬七祖(人稱馬祖)之弟子，以作銜接傳承。然白馬乃六祖之再傳懷讓弟子，故此，羅八祖應為羅九祖。又馬祖死於唐貞元四年，遠在羅八祖弘治之

---

38 同上，頁238。
39 同上，頁239。
40 窺基大師撰、太虛大師講。《佛說彌勒菩薩上、下生經集註》。台灣：慧日講堂，民國六四年，頁54－70。

前七百餘年，實無法教授羅尉群。由於此說甚為謊謬，故彼教改
經就典，說倡羅八祖為元朝人。查宋朝凡三一六年，白馬七祖縱
為宋人，仍無承接六、八兩世間之可能，此其三證。

4.佛典言「三寶」為佛、法、僧，然白蓮、羅教取典佛經，
改「三寶」為關、訣、印，亦可見一斑。羅祖死後，除子孫傳其
衣缽外，更形成兩大分支。其一透過漕運水手，將羅教傳遍大江
南北，最後更形成「青幫」。其二透過轉世傳承，將羅教發展為老
官齋教(簡稱齋教，又名大乘教)，此其四證。

中國之民間宗教，自羅教開始，以劫度世，如「無生老母」、
「三世末」、「真空家鄉」等，皆構成救者與被救者相互關係，各
司其職。也許，明中葉始，百姓積年累月處於戰火動亂、饑荒折
磨，極度厭倦生活在這環境中，於是，渴求創世者之出現，為貧
苦大眾振臂一呼，如此，正好解說明至清年間，民間宗教「百家
爭鳴」此起彼落之原因。至於，當時統治者不容任何勢力動盪朝
廷之本，而評其為「邪教」是可以理解的。羅教尚有很多地方是
值得研究，諸如《五部六冊》之內容、來源、經文本身之原義……！
這一問題且留代日後有志深入研究羅教者進一步發掘、驗證。